Association pour
la Biodiversité Culturelle

LES CRÉATIFS CULTURELS EN FRANCE

Préface de

Jean-Pierre Worms

éditions
Yves Michel

5 allée du torrent - 05000 Gap (France)
www.yvesmichel.org

Couverture : Marie Loiseau
Mise en page : A' Prim / Serres (05)
Impression et façonnage : Louis-Jean / Gap (05)

Dépôt légal : mars 2007
ISBN 978 2 913492 44 8

éditions Yves Michel

5 allée du torrent - 05000 Gap (France)
www.yvesmichel.org

Ce livre a été écrit à plusieurs mains, comme vous pouvez le voir dans la table des matières, et coordonné par Yves Michel. Chaque contributeur y apporte son éclairage propre, facteur d'une certaine diversité.

Voici qui nous sommes :

- Jean-Pierre WORMS, sociologue
- Yves MICHEL, éditeur
- Eric SEULLIET, consultant
- Vincent DAVID, conseil en relations d'utilité publique
- Véronique BOURFE-RIVIERE, journaliste indépendante

Table des matières

Jean-Pierre WORMS

Préface

L'étude sur les créatifs culturels français s'inscrit dans le cadre de l'enquête sur les créatifs culturels en Europe lancée par le club de Budapest en 2003, à la suite de l'étude américaine de Paul H. Ray et Sherry Anderson publiée à New-York en 2000, après plusieurs années d'investigations de terrain et d'enquêtes d'opinion. Cet enchainement est, en soi, un fait majeur. Non seulement, parties des USA, les recherches sur les créatifs culturels se diffusent exceptionnellement rapidement en Europe, au Japon et bientôt, sans doute, sur les autres continents, mais les termes mêmes de « créatifs culturels » sont désormais utilisés bien au-delà des cercles restreints de la sociologie, malgré l'étrangeté de cet accouplement terminologique et la nouveauté du concept qu'il véhicule.

Cette rapidité de diffusion de la terminologie, du concept et des recherches correspondantes est la marque d'un véritable renversement de perspective quant à la place accordée aux faits culturels dans la production, dans le développement et dans le changement des sociétés. Pendant plus d'un siècle, en effet, la science économique avait conquis une position prééminente dans nos systèmes de représentation de la société et du monde. La pensée hégémonique en Occident ne s'intéressait qu'à un seul moteur de production et de développement de la société : l'association de la technologie et de l'économie. Au politique était assignée la mission de régulation et d'orientation. Quant à la culture (au sens anthropologique du terme, à savoir : les représentations de soi et du monde et les valeurs qu'elles portent, les normes de comportement qui en découlent et les attitudes, conduites et modes de vie qui les incarnent), on se la représentait comme un simple sous-produit du système technico-économique. Ainsi, pour ne prendre qu'un exemple dans la dernière période, la montée de l'« individualisme consumériste », unanimement reconnu comme LA caractéristique de nos sociétés occidentales contemporaines, est très généralement analysée comme le produit direct de la mondialisation de l'économie de marché associée à des technologies d'information et de communication instantanées aux effets simultanés d'individualisation et de massification des relations au détriment des solidarités collectives de proximité : consommateur avide de satisfactions immédiates, l'individu serait ainsi contraint de faire son marché dans une offre de biens et de services massifiée dont la production lointaine lui échapperait.

Ce déterminisme technico-économique des comportements et modes de vie, des représentations et des valeurs, est aujourd'hui de plus en plus fréquemment mis en question, non seulement par ceux qui en dénoncent les effets mais également par ceux qui y projetaient au contraire leur espoir d'un progrès de l'humanité. Les uns et les autres constatent en effet l'impasse à laquelle conduirait la poursuite du développement économique mondial sur la lancée actuelle et les risques dramatiques que cela ferait courir à l'humanité, en termes de rupture irréversible des équilibres sociaux et environnementaux de la planète. Simultanément, ils prennent conscience de l'impuissance avérée du politique non seulement pour réguler ces évolutions futures mais plus encore pour les réorienter. S'impose alors à tous la nécessité de dépasser ces raisonnements déterministes univoques et de rechercher d'autres moteurs de production et de développement des sociétés susceptibles d'être des leviers d'un changement social volontaire, aptes à redonner à l'humanité une nouvelle marge de liberté et à ouvrir l'éventail de ses choix dans la construction de son avenir. On retrouve alors ce qui fut la découverte majeure de l'anthropologie, régulièrement célébrée mais superbement ignorée, à savoir que la « culture » n'est pas qu'un sous-produit de la « superstructure » technico-économique et de ses prolongements sociaux et politiques, mais qu'elle est simultanément et d'abord l'élément structurant fondamental de toute société, la base même de ce qui fait société, la condition d'existence d'une société en tant que telle. Dès lors, ne pourrait-on utiliser cette double face des faits culturels, à la fois déterminés et déterminants, pour les mettre au cœur d'une stratégie de changement ? Notamment, ne pourrait-on retourner contre la fatalité des catastrophes annoncées cette caractéristique de la culture contemporaine, cet « individualisme consumériste » produit du système technico-économique dominant, pour en faire un levier de changement porteur d'avenir pour l'humanité car assis sur une autre logique de développement, l'outil d'une création sociale nouvelle ? Cet espoir de création d'une société nouvelle par la culture est sans doute la raison première de l'intérêt suscité dans des cercles de plus en plus larges par les recherches sur les « créatifs culturels ». La première contribution d'importance de ces recherches est simplement de rappeler que la création culturelle est, en elle-même, créatrice de société.

La seconde contribution essentielle de ces recherches réside dans ce qu'elles nous disent des évolutions culturelles générales de nos sociétés. En recherchant ce qui distingue les orientations culturelles propres aux « créatifs culturels », ces recherches mettent en lumière certaines tendances lourdes des évolutions en cours. Celles-ci confirment et même, à certains égards, confortent nombre des acquis les plus importants des recherches internationales sur les valeurs qui orientent les attitudes et comportements de nos contemporains, notamment ceux des enquêtes décennales commandées par l'Union européenne, l'« enquête européenne sur les valeurs », elles-mêmes partie prenante des enquêtes comparatives mondiales de la « World value survey ». À cet égard, il est particulièrement intéressant de rapporter ces tendances lourdes relevées dans l'étude des créatifs culturels français à la position hégémonique acquise par « l'individualisme consumériste » dans la construction du système de valeurs de la société française contemporaine, tendance que j'avais signalée précédemment et qui ressort également clairement de l'enquête européenne sur les valeurs.

Il y a deux faces à la montée de cet « individualisme consumériste ». D'un côté, on trouve certes ce qui est fréquemment dénoncé comme un repli égoïste de chacun sur la recherche de satisfactions personnelles immédiates au détriment de tout sentiment ou comportement de solidarité avec autrui et de tout intérêt pour le reste du monde et pour l'avenir de la planète, la « me now society ». Mais l'autre face existe également, l'expression de la volonté de chaque individu de reconquête de son autonomie dans la construction de son identité afin de mieux maîtriser son rapport aux autres et au monde et ses choix de vie et de consommation. C'est ce second versant qui est à la source des évolutions socio-culturelles auxquelles participent les créatifs culturels. On peut aisément en retrouver la marque dans les manifestations suivantes de ces nouvelles orientations culturelles :

- la valorisation croissante du « développement personnel » et l'intérêt pour toutes les démarches et tous les outils d'aide à l'autoproduction de soi,
- un recentrage de ses priorités sur l'être plutôt que sur le paraître ou l'avoir,
- un recul, voire une méfiance et un rejet à l'égard de toute structure ou institution assignant de l'extérieur à l'individu son mode de pensée, de vie et de comportement social, et notamment les églises et les partis politiques,

- plus particulièrement, la reconquête de son autonomie dans la gestion de sa santé, dans l'éducation de ses enfants et, plus généralement dans ses modes de vie et de consommation, notamment alimentaire,
- la recherche d'un rapport aux autres et d'une sociabilité fondés sur la reconnaissance mutuelle et la valorisation de la diversité des identités ; notamment, valorisation de la diversité hommes/femmes et de la place des femmes dans la société, mais également valorisation de la diversité des cultures et de l'apport des autres cultures dans la construction d'une société multiculturelle,
- la valorisation des solidarités de proximité, mais également à l'échelle de la planète, la lutte contre les inégalités et pour un meilleur partage des richesses,
- le souci d'un vivre ensemble plus harmonieux, de la paix, et de l'avenir de la « maison commune », l'engagement écologique et pour le développement durable.

Ces tendances lourdes des évolutions culturelles contemporaines repérées dans les études internationales sur les valeurs et confirmées par les enquêtes sur les créatifs culturels, permettent de mieux positionner ces derniers dans l'ensemble social. En tête des évolutions actuelles, il est néanmoins évident que les créatifs culturels ne forment pas un « groupe » cohérent isolé du reste de la société et que leur rôle dans la transformation sociale et culturelle de l'ensemble de la société mérite de ce fait d'être sérieusement réfléchi.

Reprenons ces différents éléments en termes de ce qu'ils ne sont pas pour mieux préciser ce qu'ils sont.

- Ils ne forment pas un « groupe ». Les « courants socioculturels » dont parle l'étude sont une simple construction statistique produite par une typologie rapprochant les individus de notre échantillon en fonction du degré de leur polarisation sur les six dimensions permettant une segmentation pertinente de la population au regard de l'objet de l'étude, c'est-à-dire représentative des champs dans lesquels s'opèrent les évolutions culturelles qui nous intéressent. Les créatifs culturels se distinguent des autres courants par une polarisation plus marquée sur chacune de ces six dimensions. Rien d'autre que cette proximité statistique ne les relie les uns aux autres.

- La « cohérence » de leur positionnement sur ces six dimensions est elle-même une construction statistique. Elle n'implique nullement le repérage par notre étude d'une quelconque conscience qu'auraient les individus concernés de cette cohérence ni, *a fortiori*, qu'elle soit vécue et pensée collectivement. Tout au plus peut-on assumer qu'elle est réfléchie et voulue chez certains d'entre eux.
- Ce courant des « créatifs culturels » n'est pas isolé des autres courants. Au contraire, selon les dimensions examinées et les différents « items » utilisés pour les caractériser, on peut repérer qu'ils partagent certaines orientations et dynamiques culturelles avec d'autres courants. Ainsi, le courant que nous avons appelé les « alter-créatifs » sont très proches des créatifs culturels sur toutes les dimensions, à la seule exception des références spirituelles associées à la dimension du développement personnel. Peut-être faut-il voir là le reflet d'un clivage culturel traditionnel spécifiquement français, celui qui oppose le rationalisme athée hérité des « lumières » et de la philosophie positiviste aux valeurs portées par l'église catholique. Comme on le sait, ces oppositions ancrées dans notre histoire n'empêchent nullement des rapprochements d'engagements parallèles mais séparés (cf. par exemple le Secours catholique et le Secours populaire) ; cette étude en fournit une nouvelle manifestation. Cette proximité des deux courants nous a incités à qualifier d'« alter-créatifs » ce deuxième courant si rétif à la dimension spirituelle du développement personnel mais si proche en revanche des créatifs culturels sur les autres dimen-

sions. Cette référence au développement personnel est en revanche clairement partagée par un autre courant, celui que nous avons qualifié de « conservateurs modernes ». Ce courant est d'ailleurs proche des créatifs culturels sur bien d'autres dimensions : l'intérêt pour le développement durable et les enjeux écologiques, le partage de la richesse et la solidarité, la valorisation de la diversité culturelle... Ce qui les oppose, c'est leur intérêt sincèrement assumé pour l'argent et la carrière et surtout leur foi dans la capacité de la technologie et du marché mondial à fournir les leviers de la construction d'un monde meilleur, ce dont doutent fortement les « créatifs culturels ». Dans un premier temps, nous avions qualifié ce courant de « à l'aise optimistes » ! En fait il n'existe qu'un seul courant, très minoritaire (18%), qui se positionne en opposition radicale aux créatifs culturels sur les six dimensions, celui que nous avons qualifié de « détachés sceptiques ». Clairement séparés de tous les autres courants (même si sur quelques items ils paraissent tirer vers eux les « prudents inquiets »), ils représentent indubitablement le seul vrai pôle de résistance aux évolutions culturelles qui traversent l'ensemble du corps social et dont les « créatifs culturels » sont la manifestation avancée, en tête du peloton.

Est-ce pour autant que les créatifs culturels tirent le reste du peloton ? Comment imaginer leur rôle comme agents de changement ? Comment faire d'une agglomération statistique un ensemble humain agissant collectivement ? En vérité, même si, ici ou là, de petites communautés se forment sur la base de telle ou telle conviction ou pratique sociale ou militante partagée, les créatifs culturels demeurent une collectivité virtuelle très éclatée dans ses manifestations concrètes. Certaines passerelles existent entre les différents champs où interviennent les agents d'innovation dans les styles de vie et pratiques culturelles, sociales et civiques (la santé, l'habitat, l'alimentation, l'éducation des enfants, la biodiversité, la solidarité, etc.), mais elles sont rares et ténues. Faut-il chercher à les renforcer et à en bâtir de nouvelles ? Sans doute mais faut-il aller plus loin et tenter de regrouper toutes ces dynamiques dans une seule organisation, promouvoir un « mouvement » des créatifs culturels et lui assigner une mission de pilotage du changement social ? Ce serait, selon moi, à la fois irréaliste, car contraire au pilier central des transformations culturelles en cours, à savoir l'individuation des engagements, mais également dangereux car débouchant quasi inévitablement sur des logiques de renfermement sectaire, d'affrontements idéologiques pour la définition de la doctrine commune et de luttes de pouvoir pour le contrôle de l'organisation. À vrai dire, l'intérêt de ces recherches sur les créatifs culturels, beaucoup plus modestement mais beaucoup plus utilement, est double :

- permettre à tous ceux qui, isolément, prennent leur part à ces transformations en profondeur de ce qui fera la société de demain, de savoir, en fait, qu'ils ne sont pas seuls, de se sentir confortés dans leur capacité d'être, à leur échelle, agents de changement social, selon cette logique si spécifique à ce mouvement articulant transformation personnelle et transformation sociale ;
- donner plus de visibilité à ces valeurs et pratiques sociales innovantes, permettre aux uns et aux autres qui y participent de se reconnaître, de se rencontrer et de nouer des alliances au gré de leurs désirs et de leurs besoins, de constituer des réseaux entrecroisés ouverts et fluides, bref d'innover aussi dans le champ des pratiques organisationnelles et de l'action collective pour porter plus haut et plus loin leur énergie transformatrice.

Vincent David[1]

Au cœur des transformations de la société française, des individus conscients des grands enjeux planétaires

À la lecture de l'enquête sur les créatifs culturels en France, il est intéressant de remarquer que ces derniers semblent être au cœur de transformations à l'œuvre dans la société française, et qu'ils ont également totalement pris conscience des véritables enjeux planétaires de ce nouveau siècle.

Dans la mesure où les créatifs culturels ne savent pas qu'ils le sont et qu'ils constituent une nouvelle force sociale, il semble nécessaire de montrer en quoi leurs convictions et leurs comportements sont susceptibles de générer de profonds changements politiques, économiques, sociaux et culturels.

1. Diplômé en droit, sociologie, communication et sciences politiques. Lobbyiste pour des ONG écologiques et solidaires. www.vdrup.net

A] Des transformations majeures, à l'œuvre dans la société française, sont sans doute le fait des créatifs culturels

En partant des six dimensions dont la concomitance, selon l'enquête réalisée, caractérise les créatifs culturels en France, on observe que chacune de ces dimensions est le théâtre de phénomènes sociologiques particuliers et en émergence, mais porteurs de changements globaux et irréversibles :

Écologie : le développement de la consommation responsable ; la prise de conscience de la crise climatique et énergétique ; l'émergence de la responsabilité sociale et environnementale des entreprises, des collectivités locales et des administrations.

Place du féminin : le souci de la parité femmes/hommes dans la représentation politique ; la prise de responsabilité des femmes dans l'entreprise ; la volonté de rendre visible le problème des violences conjugales.

Être plutôt que paraître et avoir : la diffusion du concept de décroissance et de la critique de la société de consommation ; le refus d'un modèle de société fondé sur la compétition, l'argent, la célébrité, et le pouvoir sur autrui.

Développement personnel et spiritualité : la hausse de la pratique des arts martiaux et des disciplines de bien-être ; le succès des magazines et des stages traitant de développement personnel et de psychologie ; la demande de spiritualité, malgré la déchristianisation.

Implication sociétale : l'augmentation du nombre de créations d'associations et d'engagements bénévoles ; la multiplication de petits groupes de militants, constitués pour des causes précises.

Ouverture multi-culturelle : la lutte contre la discrimination à l'embauche et au logement des personnes issues de l'immigration ; la hausse des mariages mixtes ; le succès des musiques du monde.

Nous étudierons en particulier trois de ces dimensions (l'écologie ; être plutôt que paraître et avoir ; l'implication sociétale), car elles permettent d'identifier des comportements individuels, et pas seulement des opinions recueillies par enquête ou des actions menées par des administrations, des entreprises et des associations.

Or en comparant, d'une part des comportements observés au sein de la société française dans les domaines du développement durable, de la société de consommation et de l'implication sociétale, et d'autre part les réponses au questionnaire de l'enquête, on peut émettre l'hypothèse que les créatifs culturels sont les acteurs principaux de ces transformations en cours.

1) La prise de conscience des enjeux écologiques et du développement durable

Grâce aux programmes scolaires de leurs enfants, à des articles et des émissions dans les médias, aux alertes des ONG, à des livres et des conférences, et aux campagnes d'information publiques des collectivités locales et de l'Ademe (Agence de l'environnement et de la maîtrise de l'énergie), les Français commencent à prendre conscience du réchauffement climatique, de la destruction de la biodiversité et des inégalités dans les échanges mondiaux.

Pourtant, ceci ne semble pas s'accompagner d'un changement de modes de vie qui serait pourtant nécessaire. Or c'est bien parce que nous serons des millions à consommer moins et différemment, à moins utiliser la voiture, ou encore à ne plus acheter de produits qui polluent ou qui sont fabriqués au mépris des droits humains, que le développement durable pourra devenir une réalité et que les risques sur la santé seront diminués.

Des décisions politiques courageuses et une réelle responsabilité sociale et environnementale des acteurs économiques sont également absolument indispensables pour entraîner des modifications de comportements. Mais elles auront d'autant plus de chance d'être effectives, si les Français l'exigent de leurs élus par le vote et l'implication citoyenne, et si les consommateurs l'imposent aux entreprises par leurs achats ou leurs refus d'acheter.

L'écologie et les électeurs, le développement durable et les consommateurs

Si, dans les sondages effectués depuis une dizaine d'années, beaucoup des personnes interrogées déclarent prendre en compte l'environnement dans leurs préoccupations politiques et leurs intentions de vote, la réalité est bien différente.

En effet, les partis politiques et les candidats dont la priorité est l'écologie depuis des années, n'ont jamais réussi à attirer à eux des dizaines de milliers d'adhérents et des millions d'électeurs. Ceci explique en partie le retard de la France sur le tri des déchets, le développement des énergies renouvelables, ou l'agriculture biologique.

Il aura fallu attendre la campagne électorale des élections présidentielles de 2007 pour que les enjeux écologiques entrent dans le débat médiatique, notamment grâce à l'action de Nicolas Hulot et de l'Alliance pour la planète (rassemblement de dizaines d'ONG d'environnement et de solidarité).

En ce qui concerne la consommation, on constate un fort développement en France des magasins biologiques, des achats de produits alimentaires issus de l'agriculture biologique, et de produits issus du commerce équitable.

Dans plusieurs sondages commandités par le CREDOC (Centre de recherche pour l'étude et l'observation des conditions de vie), la Plate-forme française du commerce équitable, l'association Max Havelaar France ou encore l'agence Ethicity, la majorité des personnes interrogées se prononce toujours en faveur des produits respectueux de l'environnement et des droits humains et se déclare même prête à payer plus cher pour un produit entrant dans cette catégorie.

Néanmoins, quand on regarde les volumes de ventes de ce type de produits et le chiffre d'affaires des entreprises (essentiellement des PME) qui s'engagent dans cette démarche, on constate que c'est une minorité de consommateurs qui passe véritablement à l'acte d'achat.

Si une consommation plus responsable est indéniablement en train d'émerger en France, il n'en demeure pas moins qu'il s'agit encore d'un marché de niche, en comparaison du chiffre d'affaires des enseignes de la grande distribution et des produits de consommation fabriqués sans prise en compte des critères du développement durable.

Il semble en fait que ce soit surtout la question énergétique et ses répercussions sur leur niveau de vie qui incitent de plus en plus de personnes à se préoccuper de l'environnement. En effet, économiser l'énergie, faire isoler son logement, s'équiper en installations utilisant les énergies renouvelables et prendre davantage les transports publics, permettent de limiter l'érosion du pouvoir d'achat.

Des citoyens qui vivent le développement durable au quotidien

Les récents travaux du GIEC (Groupe d'Experts Intergouvernemental sur l'Évolution du Climat), structure regroupant des centaines de scientifiques du monde entier, créée en 1988 par l'Organisation météorologique mondiale (OMM) et le Programme des Nations unies pour l'environnement (PNUE), prouvent que l'activité humaine est très largement responsable du réchauffement de la planète.

Les conséquences du changement climatique, si rien n'est fait pour y remédier, seront dramatiques : famines, pénuries d'eau, réfugiés climatiques, apparition de nouvelles maladies, disparition de milliers d'espèces...

Or depuis l'avertissement lancé par le Club de Rome en 1972 sur les futures catastrophes écologiques, depuis le rapport Brundtland de 1987 qui a fait émerger la notion de développement durable, depuis le Sommet de la Terre à Rio en 1992 et depuis la signature du Protocole de Kyoto en 1997, force est de constater que l'État français est alerté par l'importance de ces enjeux. Pourtant, les politiques publiques mises en œuvre dans les domaines de l'énergie, des transports, des logements et de l'agriculture sont tout à fait insuffisantes au regard des enjeux.

Des citoyens ont donc décidé d'agir à leur échelle, en adoptant des comportements de vie et de consommation en cohérence avec leurs convictions profondes, car ils pensent que chaque être humain a désormais le sort de la planète entre ses mains.

Ils sont des pionniers du *buycott*, une démarche de boycott positive qui consiste à acheter des produits respectueux de l'environnement et des droits humains.

Ce sont eux qui ont permis le développement du commerce équitable, des AMAP (associations pour le maintien d'une agriculture paysanne), de l'alimentation biologique et végétarienne, du papier recyclé, des lampes basse consommation ; des produits d'entretien écologiques ; des vêtements en coton biologique ; des cosmétiques naturels ou encore d'un tourisme plus responsable.

Ils ont également opté pour des pratiques de non-consommation qui peuvent s'apparenter à du boycott individuel (l'appel public à boycott étant interdit dans le droit français) : refus d'acheter des fruits de contre-saison, des produits fabriqués par des enfants ou des ouvriers exploités, des produits comportant trop d'emballages...

À titre d'exemple, le site internet *Freecycle*, qui propose à ses utilisateurs de donner des objets dont ils n'ont plus l'usage, au lieu de les jeter, compte 3 millions de membres dans le monde et plus de 3000 en France.

Ils ont aussi adopté des comportements de modération et de sobriété qui consistent par exemple à économiser l'énergie et l'eau, ou à réduire ses déplacements en voiture et en avion. Même s'ils savent que ce n'est pas en économisant l'eau en France qu'ils vont résoudre les problèmes de sécheresse dans le Sahel, ils adoptent un comportement de cohérence.

Ce sont les mêmes personnes qui ont compris que leur santé et celle de leurs enfants étaient liées à un environnement sain. Conscients qu'ils n'ont pas le temps d'attendre que les responsables politiques prennent les mesures nécessaires pour taxer les pollueurs, supprimer les substances chimiques et favoriser l'agriculture biologique et les produits écologiques, ils ont décidé de s'alimenter, de se soigner, et de se laver avec des produits naturels.

En mettant en parallèle, d'une part les réponses à l'enquête sur les créatifs culturels français, et d'autre part les actes quotidiens des consommateurs et des citoyens réellement engagés en faveur d'une planète vivable pour tous, il y a fort à parier que les créatifs culturels en constituent la majorité.

2) Des individus hostiles à la société de consommation et d'apparence

De très sérieuses recherches universitaires anglo-saxonnes tendent à montrer que le bonheur n'est pas lié à la richesse. Ainsi Ronald Inglehart, professeur au Centre d'études politiques de Chicago a étudié le rapport entre richesse nationale et bonheur dans 82 pays (www.worldvaluessurvey.org). En 2004, les États-Unis étaient 15e à l'indice de bien-être et la France, 26e, alors qu'il s'agit de pays très riches. Selon Richard Layard, professeur à la London School of Economics de Londres, c'est l'écart significatif de revenus entre les individus d'un même pays qui crée du mal-être, et non la faiblesse du montant des revenus en tant que telle. Quant au psychologue Robert H. Frank de l'université de Princeton, il estime que le bien-être n'augmente pas en fonction de l'acquisition de biens matériels.

Des philosophes et des économistes tels que Patrick Viveret et Jean Gadrey réfléchissent quant à eux aux nouveaux indicateurs de richesse. Leurs travaux permettent de comprendre que la richesse, telle qu'elle est mesurée habituellement par le PNB (produit national brut), prend en compte des actes économiques qui sont en fait néfastes au bien-être de l'humanité et de l'environnement.

Outre le fait que ces études sont mal connues, il est certain que les Français sont incités en permanence par les pouvoirs publics et la publicité à consommer davantage, à posséder le plus de biens matériels, à investir leur argent dans des placements rémunérateurs, à consacrer leur temps libre aux loisirs. Des élites aux milieux populaires, les produits de marque sont des signes extérieurs de richesse qui permettent de se valoriser au sein de son entourage et d'acquérir un statut social. Quant aux jeux d'argent, ils ne se sont jamais aussi bien portés. C'est le triomphe de l'avoir.

Les magazines féminins et masculins font du corps l'objet de toutes les attentions, les salles de musculation ne désemplissent pas, la chirurgie esthétique se démocratise et les critères de beauté calqués sur les mannequins engendrent de la névrose chez certaines personnes qui ne correspondent pas à cette image soit-disant idéale. Les émissions de télé-réalité ont des succès d'audience phénoménaux et les magazines *people* ne se sont jamais aussi bien vendus. C'est le triomphe du paraître.

Les personnes qui ont décidé de vivre différemment du modèle dominant, en consacrant une grande partie de leur vie à la spiritualité, au développement personnel, à l'engagement politique et associatif, sont minoritaires. Néanmoins, il semble qu'un nombre croissant d'individus commence à remettre en cause certains aspects du mode de vie occidental, constatant qu'il exclut les plus faibles, conduit à une impasse écologique, provoque de la frustration du fait de désirs non assouvis et dévalorise toute recherche métaphysique. Il y a chez eux un souhait de privilégier la richesse humaine à la richesse monétaire. Cela préfigure peut-être le triomphe de l'être sur l'avoir et le paraître.

La contestation de la société de consommation

C'est à la charnière entre le 20e siècle finissant et l'avènement du 3e millénaire – en pleine expansion de ce qu'on appelait la nouvelle économie qui voyait triompher de jeunes créateurs de *start-up* – que l'on a assisté, en France, à un renouveau de la critique de la société de consommation, et notamment une remise en cause de la publicité.

Ainsi l'année 1999 a vu la parution de la revue *Casseurs de Pub*, inspirée du magazine canadien *Adbusters*, et la publication de *La société de consommation de soi,* l'essai de Dominique Quessada, un des premiers publicitaires repentis.

En 2000, c'est au tour de l'ex-publicitaire Frédéric Beigbeder de sortir son roman à succès *99 francs*, dans lequel il dénonce les excès du milieu publicitaire ; Oliviero Toscani, publicitaire vedette de Benetton, est renvoyé pour une provocation de trop ; et l'association La Meute est créée en réaction aux publicités sexistes.

Le mouvement s'amplifie en 2001 avec la parution de *No Logo*, l'essai de la journaliste canadienne Naomi Klein ; la création de l'association Action consommation ; et deux articles dans le journal *Le Monde* consacrés au retour de la critique de la société de consommation.

Et à partir d'octobre 2003, sont apparues les premières actions de barbouillage d'affiches publicitaires dans le métro parisien. Ces actions antipub ont désormais lieu dans de nombreuses villes françaises.

Ce mouvement anticonsommation et antipub, fort de quelques milliers de militants, est notamment mené par le Publiphobe et Résistance à l'agression publicitaire (respectivement fondés en 1990 et 1992 par Yvan Gradis), par Paysages de France créé en 1992 et par le Collectif des Déboulonneurs, créé en 2005. Ils sont tous partie prenantes de la Journée internationale sans achat, qui a lieu tous les 24 novembre et qui fut initiée en 1992 par la Media Foundation de Vancouver, l'éditeur du magazine *Adbusters*.

Ce mouvement anticonsommation et antipub est lié aux théories et aux partisans de la décroissance. Ce courant de pensée, inspiré notamment par l'économiste Serge Latouche, propose un nouveau paradigme qui pousse les intellectuels et les partis politiques à prendre position, permettant d'ouvrir un espace de discussion sur les enjeux d'une autre forme de société à inventer. Les adeptes et les praticiens de la décroissance trouvent un écho à leur combat, notamment dans le magazine *Silence*, le journal *La Décroissance* et la toute récente revue de débat *Antropia*.

Des choix professionnels en cohérence avec ses valeurs

Le modèle du jeune cadre dynamique et ambitieux, mis en avant dans les années 80 et 90, est toujours d'actualité. Un poste à responsabilité et un salaire élevé restent un idéal pour beaucoup de salariés et d'étudiants.

Néanmoins, certains d'entre eux préfèrent désormais prendre des chemins de traverse.

Il y a celles et ceux qui restent dans l'entreprise, mais cherchent une bouffée d'oxygène. Préoccupés par l'avenir de la planète, désireux d'être utiles ou soucieux de donner du sens à leur travail, ils prennent du temps sur leurs congés pour se consacrer à une cause qui leur tient à cœur. Certains partent dans des pays en développement en prenant un congé solidaire, notamment par l'intermédiaire de Planète Urgence, pour accompagner une association qui mène des programmes sur le terrain. D'autres mènent des actions de solidarité ou de protection de l'environnement en France.

Et puis il y a celles et ceux qui quittent l'entreprise, soit parce qu'ils sentent une disjonction entre leur travail et leurs aspirations profondes, soit parce que leurs convictions morales et politiques font qu'ils ne supportent plus la nature de l'activité ou les pratiques de leur entreprise.

Ils décident alors, soit de travailler dans le milieu associatif, soit de créer leur propre entreprise avec un objectif social et environnemental. Ce sont les entrepreneurs sociaux. La plupart choisissent un statut EURL ou SARL, certains se lancent avec le statut d'entreprise d'insertion ou de SCOP (Société coopérative de production), et d'autres encore s'intègrent à des coopératives d'activité et d'emploi. Ils créent des entreprises dans le domaine du commerce équitable (alimentation, cosmétique, habillement, décoration...), de la distribution de produits écologiques pour le bureau ou les particuliers, du tourisme responsable, de l'agriculture biologique, du recyclage des déchets, de l'habitat durable, du conseil en développement durable...

Ils choisiront souvent des banques engagées en faveur de l'insertion sociale et du développement durable (le Crédit coopératif, La Nef) ; obtiendront des soutiens financiers de structures spécialisées dans l'accompagnement des entrepreneurs sociaux (l'Adie, France Active, Garrigue, Les Cigales, Ashoka...) ; et s'ils font des bénéfices, ils ne manqueront pas de les investir dans des produits solidaires labellisés par Finansol.

En comparant les réponses à l'enquête sur les créatifs culturels français et les actions des individus refusant une société qui ne valorise que l'avoir et le paraître, on peut raisonnablement penser que les créatifs culturels sont au cœur de cette prise de conscience.

3) Implication sociétale

Les travaux de sciences politiques menés depuis une vingtaine d'années sur la participation politique en France montrent qu'il y a une défiance et un désaveu profonds de la politique et de ses responsables. Trois éléments permettent d'illustrer ce constat regrettable.

L'abstention aux élections, qu'elles soient locales, nationales ou européennes, est une constante de la vie politique française. Ceci est très problématique puisque dans un système de démocratie représentative, les élus sont censés avoir la confiance de leurs électeurs et le mandat pour exercer le pouvoir en leurs noms. L'augmentation des votes blancs et nuls, et la part grandissante des suffrages donnés à l'extrême-droite attestent de la contestation de l'offre politique.

L'image des partis politiques et de leurs leaders s'est considérablement dégradée en France. Que ce soit dans les études du CEVIPOF (Centre d'étude de la vie politique française) ou dans celles des différents instituts de sondage, années après années, les responsables politiques arrivent dans les dernières places pour ce qui est de la confiance et de la considération accordée aux acteurs de la société (entreprises, médias, syndicats...).

Le faible nombre d'adhérents dans les partis politiques et le peu de représentativité de leurs membres (peu de jeunes, peu de femmes, et peu de gens issus des catégories populaires et de l'immigration) au regard de la diversité sociologique de la société française, sont encore une preuve du décalage existant entre les préoccupations des citoyens et les logiques propres aux partis politiques.

L'engagement associatif et le bénévolat

Si les citoyens se sont éloignés des partis politiques, ils ont aussi déserté les syndicats et les grandes fédérations associatives. Mais ce qui peut apparaître comme un déclin de l'engagement politique est en réalité une mutation de celui-ci.

En effet, depuis une trentaine d'années, on assiste à une individualisation progressive de l'implication sociétale. C'est-à-dire que les citoyens français sont toujours en demande de politique, mais qu'ils ne veulent plus être affiliés à de grandes structures sur lesquelles ils n'ont aucune prise. Ils préfèrent désormais donner de leur temps à des actions concrètes, plutôt locales, pendant une période courte et dans un cadre d'intervention qu'ils maîtrisent.

C'est donc souvent dans les petites associations peu structurées que se développe l'engagement citoyen.

Les études menées par plusieurs universités et centres de recherche, notamment l'Université de la Vie Associative à Saint-Étienne, mais aussi par la CPCA (Conférence permanente des coordinations associatives), la Fonda et le CERPHI (Centre d'étude et de recherche sur la philanthropie) montrent à quel point les associations et le bénévolat se sont développés en France.

Ainsi, on dénombre près d'un million d'associations en France, 20 millions de membres et 28% des plus de

18 ans bénévoles dans une association. Alors que dans les années 90, il y avait 8 millions de bénévoles, on en comptait 12 millions en 2006.

Les Français qui donnent de leur temps bénévolement, le font surtout dans les domaines de la culture, des loisirs et du sport, mais l'engagement dans l'action sociale et l'éducation populaire est également notable.

Les mouvements spontanés de citoyens

À côté du bénévolat dans des associations ayant une existence juridique, on assiste depuis quelques années à des mouvements spontanés de citoyens qui se rassemblent pour une cause très précise. Qu'ils prennent la forme de manifestations de rue, de *happening*, d'interpellation médiatique ou de diffusion par Internet, ces mouvements sociaux se caractérisent par une volonté commune des participants de garder une autonomie individuelle dans leur action.

Les manifestations qui ont rassemblé des centaines de milliers de personnes en France, en 2002 contre l'extrême-droite, en 2003 contre la guerre en Irak, et en 2006 contre le CPE (contrat première embauche) ne doivent pas faire oublier les milliers d'autres petites manifestations de citoyens qui ont lieu chaque année dans tout le pays. Ces individus qui manifestent, ce qui est un acte politique fort, le font parfois à l'appel d'un ou plusieurs partis politiques, syndicats ou associations, ce qui ne signifie pas qu'ils en sont membres.

Du fait de la faiblesse des pouvoirs du Parlement en France, de plus en plus de petits groupes de citoyens décident de se substituer à lui et se rassemblent pour peser sur le gouvernement et l'administration. Pour cela, ils utilisent les médias et Internet, ou plutôt les interstices laissés par les médias, pour faire pression sur les décideurs et les pousser à prendre des mesures susceptibles de calmer l'opinion publique ainsi interpellée. Que ce soit le Réseau Éducation sans Frontières qui a permis d'impliquer des milliers de citoyens contre l'expulsion d'enfants étrangers scolarisés en France ; les Enfants de Don Quichotte et Jeudi Noir sur l'accès au logement pour tous, ou Génération précaire sur la précarité de centaines de milliers de stagiaires en France, ils ont tous permis de faire entrer ces thèmes dans l'espace public.

On assiste également à de nouvelles formes de mobilisation pour des causes environnementales, tels que les lanceurs d'alerte sur les produits dangereux pour la santé, les faucheurs volontaires de plants servant à la recherche sur les OGM (organismes génétiquement modifiés) en milieu ouvert, et les personnes qui se sont mobilisées, notamment grâce à Internet, fin 2006, pour protester contre une disposition de la nouvelle loi d'orientation agricole interdisant de vendre des préparations à base végétale pour les traitements agricoles au jardin et d'enseigner leur préparation (affaire nommée « Purin d'orties »).

En comparant les réponses à l'enquête sur les créatifs culturels français et les engagements politiques et sociaux des individus dans la société, on peut supposer que tous les créatifs culturels sont partie prenante de ce grand mouvement de participation citoyenne.

B] Les créatifs culturels, au cœur de la question politique et spirituelle

Les créatifs culturels français ne sont pas une génération spontanée. Ils sont les héritiers des combats menés à la fin des années 60 par les mouvements féministes, tiers-mondistes, pacifistes et écologistes qui refusaient la société de consommation des Trente Glorieuses et souhaitaient briser les carcans de la société traditionnelle.

Depuis cette époque, l'histoire et la société françaises ont été marquées par la chute du communisme, la mondialisation des échanges et des capitaux, la multiplication des chaînes de télévision, l'avènement d'Internet, et le triomphe du libéralisme économique. Autrement dit, la majorité des Français a vécu les trente dernières années dans une relative acceptation du mode de vie occidental qui prétend assurer le bien-être pour tous.

Le retour des préoccupations d'intérêt général

Cependant, le chômage de masse, l'augmentation de la pauvreté, la montée de la violence, les atteintes à l'environnement et l'accroissement des inégalités entre les pays riches et les pays pauvres étant la conséquence de ces choix économiques, de plus en plus de gens souhaitent un autre modèle de société et s'engagent individuellement et collectivement pour le faire advenir.

Ce constat d'un retour à des préoccupations d'intérêt général après les excès de la société de consommation, va dans le sens des analyses développées par l'économiste américain Albert O. Hirschman qui pense que des cycles de repli sur la sphère privée, la famille et la consommation alternent avec des cycles d'investissement dans la sphère publique.

À en juger par l'étude menée en France et dans plusieurs autres pays sur les créatifs culturels, il semble que ces derniers sont au cœur des transformations à l'œuvre dans les pays occidentaux. En décidant d'adopter des comportements individuels plus responsables vis-à-vis de leurs semblables et de l'environnement, en s'impliquant socialement dans leur lieu de vie, en choisissant de vivre plus simplement loin des mirages de la société d'abondance, les créatifs culturels sont peut-être en train de changer silencieusement, mais durablement et en profondeur, la vie politique, économique et sociale de leur pays.

Ils n'attendent ni ne fomentent une hypothétique révolution, mais ils la font tous les jours dans leur conscience et au sein de leur entourage, avec une cohérence entre leurs convictions et leurs comportements quotidiens.

Ils ne veulent ni faire fortune, ni devenir célèbres, ni avoir du pouvoir sur les autres. Ils résistent à l'excès de consommation, de sollicitation, de stress et de compétition, en recherchant au contraire les échanges avec les autres et en poursuivant un idéal de fraternité.

Par leur prise de conscience de la crise écologique (réchauffement climatique, perte de la biodiversité, pénurie énergétique et atteintes à la santé) et de ses conséquences à très court terme sur la survie de l'humanité, les créatifs culturels posent la question des finalités de l'existence humaine et se situent donc dans une dimension métaphysique.

Si des changements politiques majeurs seront indispensables pour faire face aux défis planétaires, ils nécessiteront une évolution des mentalités qui ne sera sans doute possible que par un bouleversement spirituel.

L'affirmation d'un besoin de spiritualité

En effet, l'enquête sur les créatifs culturels en France révèle que ces derniers assument totalement leur aspiration à davantage de spiritualité. Dans un pays où la déchristianisation est un phénomène qui semble irréversible et où l'évocation de la spiritualité reste taboue, il est intéressant de noter que des millions de personnes sont toujours en recherche de sens et le revendiquent.

Comme l'écrit le philosophe Marcel Gauchet, qui réfléchit depuis longtemps sur les liens entre la religion et le politique, on ne peut cependant pas parler d'un retour du religieux.

En effet, si la baisse d'influence des structures religieuses qui encadraient auparavant la vie des Français, est un phénomène sociologique majeur de la fin du 20e siècle, elle ne signifie pas la fin des croyances.

Ce qui est sans doute nouveau, c'est l'individualisation de la quête spirituelle et le fait que celle-ci est médiatisée dans une société qui valorise principalement les aspirations matérialistes.

Par ailleurs, il est intéressant de noter que les créatifs culturels pensent que se changer soi-même conduira à un changement pour le monde, ce qui est propre à la tradition bouddhiste, alors qu'ils sont très peu à se revendiquer bouddhistes.

Dans la mesure où la recherche de spiritualité implique une prise en compte de la mort et une forme de solitude et de vie intérieure dans une époque qui ne valorise que la communication permanente *via* les nouvelles technologies (téléphonie mobile, chats, forums, emails), il semble que les créatifs culturels soient en opposition avec l'individu hypermoderne, tel que décrit dans le passionnant ouvrage collectif dirigé par la sociologue Nicole Aubert[1].

Les créatifs culturels sont peut-être les pionniers d'une autre modernité et d'un néo-individualisme engagé qui redonne toute sa place à la Nature et à la transcendance.

L'enjeu pour les créatifs culturels est désormais de se compter, c'est-à-dire de prendre conscience de leur existence en tant que groupe. Une fois ce constat fait, il y aura une nécessité de se fédérer, de créer des liens et de se rencontrer pour agir ensemble, au niveau local, national et international. Comme tout processus politique, cela prendra du temps. Mais comme le disait Martin Luther King qui aurait sans doute soutenu ce mouvement des créatifs culturels : *« Nous devons apprendre à vivre ensemble comme des frères ou périr ensemble comme des idiots »*.

1. *L'individu hypermoderne*, sous la direction de Nicole Aubert, Éditions Erès, 2004.

Glossaire pour aller plus loin

• La consommation responsable

→ Des sites internet

www.lemarchecitoyen.com

www.consommer-solidaire.fr

www.eco-sapiens.com

www.actionconsommation.org

→ Des magazines

Ekwo

Ideo mag

Le nouveau consommateur

→ Des livres

Achetons responsables, d'Elisabeth Laville et Marie Balmain, Seuil, 2006

Le Guide du shopping solidaire en Rhône-Alpes, Autrement, 2005, Hélène Binet - Emmanuelle Vibert

• La crise climatique et énergétique

→ Des sites internet

www.ipcc.org

www.lalliance.fr

www.rac-f.org

www.ademe.fr

www.iea.org

www.planetecologie.org

→ Des magazines

L'écologiste

Environnement magazine

La revue durable

→ Des livres

Justice, nature et liberté, Fabrice Flipo, Parangon, 2006

Le Plein s'il vous plaît !, Jean-Marc Jancovici et Alain Grandjean, *Le Seuil, 2006*

Pétrole apocalypse, Yves Cochet, Fayard, 2005

So Watt ?, Benjamin Dessus et Hélène Gassin, Éditions de l'Aube, 2004

• La décroissance et la critique de la société de consommation

→ Des sites internet

http ://antipub.net/

www.bap.propagande.org

www.deboulonneurs.org

www.decroissance.org

www.decroissance.info

→ Des magazines

L'âge de faire

La décroissance

Passerelles Eco

Silence

→ Des livres

La décroissance pour tous, Nicolas Ridoux, Parangon, 2006

Le guide des médias alternatifs, Le p'tit Gavroche, 2006

Qui veut la peau de la pub ? Arnaud Gonzague, Mango Document, 2002

No Logo, Naomi Klein, Actes Sud, 2001

• La responsabilité sociale et environnementale des entreprises et des collectivités locales

→ Des sites internet

www.novethic.fr

www.orse.org

www.comite21.org

www.utopies.com

www.oree.org

www.ecomaires.org

www.cites-unis.org

→ Des magazines

Alternatives économiques

Terra economica

→ Des livres

Le développement durable au cœur de l'entreprise, sous la direction d'Emmanuelle Reynaud, Dunod, 2006

L'entreprise verte, Elisabeth Laville, Village mondial, 2006

L'entreprise responsable, Cécile Jolly et Corinne Lepage, Éditions du Félin, 2006

Un métier pour la planète... et surtout pour moi, Elisabeth Laville et Marie Balmain, Village mondial, 2004

• Les mouvements sociaux et l'engagement politique et associatif

→ Des livres

Pourquoi s'engager, Bénédicte Havard Duclos et Sandrine Nicourd, Payot, 2005

Militer aujourd'hui, Jacques Ion, Spyros Franguiadakis, Pascal Viot, Cevipof/Autrement, 2005

Les mouvements sociaux, Erik Neveu, La Découverte, 2005

Les nouveaux mouvements contestataires à l'heure de la mondialisation, Isabelle Sommier, Flammarion, 2001.

La fin des militants ?, Jacques Ion, Éditions de l'Atelier, 1997

Engagements politique : déclin ou mutation ?, sous la direction de Pascal Perrineau, Presses de la fondation nationale de sciences politiques, 1994

- **Le lien entre spiritualité et modernité**

→ Des livres

Un monde désenchanté ? Marcel Gauchet, Éditions de l'Atelier, 2004

Le XXIe siècle sera mystique ou ne sera pas, Jean Vernette, PUF, 2002

Le XXIe siècle en panne d'humanisme, Bernard Ibal, Bayard Éditions, 2002

Yves MICHEL

L'étude originale et la suite en Europe et en France

J'ai eu vent de l'étude de ces deux chercheurs en 1999 par la lecture d'un article de Christian Lamontagne dans le *Guide Ressources*, un magazine fabuleux édité au Québec ; il regorgeait des plus audacieuses recherches et témoignages, c'était une véritable source d'inspiration pour moi en tant qu'éditeur.

À la découverte de ce nouveau concept de « créatifs culturels », j'ai ressenti un frémissement de joie : voilà qu'enfin quelqu'un portant un regard sur l'évolution de la société rassemblait ces valeurs qui étaient les miennes et que je ne trouvais qu'émiettées dans la société ! Je suis remonté à la source et me suis procuré le rapport d'étude, le livre n'existant pas encore, et l'impression positive s'est confirmée : je me suis régalé !

L'équipe des deux auteurs allie des compétences remarquablement complémentaires :

- Sherry R. Anderson est psychologue et spécialiste des mouvement féministes ; elle a écrit un ouvrage : *La face féminine de Dieu* (Éditions de l'Homme, 2002) ; elle a su capter les motivations des personnes, écouter des histoires de vie.
- Paul H. Ray est sociologue ; il a travaillé depuis la fin des années 1980 sur l'évolution des sociétés et a apporté son regard « grand angle ».

De leur collaboration est apparu un « nouveau continent », jusque là invisible, au sein de la société américaine. En effet, les individus porteurs des valeurs dites des « cultural creatives » sont discrets, et eux-mêmes ne sont pas forcément conscients de constituer un groupe social ; d'autre part, c'est le choix de ces valeurs et surtout leur concomitance qui les caractérisent, ce qui avait échappé à la plupart des observateurs et des médias.

Aux USA, les auteurs situent ce nouveau groupe socioculturel entre les « traditionalistes », porteurs de valeurs tournées vers le passé et assez religieuses, et les « modernistes », tenant du système actuel, croyant au progrès et matérialistes (la société de consommation).

Ce travail de recherche a été sponsorisé par le Fetzer Institute et le Noetic Sciences Institute, en Californie (www.ions.org). Parmi les valeurs-clés, ils ont noté que les personnes faisant partie de ce nouveau groupe, qu'ils ont nommé « cultural creatives », s'écartaient du modèle dominant aux USA de matérialisme, d'avidité, du « toujours plus ». Au contraire, les « cultural creatives » valorisent des valeurs telles que l'authenticité, l'accomplissement de soi, la spiritualité, l'idéalisme, l'activisme social, la solidarité, l'écologie, les valeurs féminines. Ils souhaitent changer de vision du monde et adopter une vision globale.

Les auteurs ont regroupé ces valeurs autour de quatre pôles :

- l'écologie, le bio, la consomm'action,
- les valeurs féminines,
- le développement de la connaissance de soi, la psycho-spiritualité,
- l'implication individuelle et solidaire dans la société.

Et ce sont des « gens ordinaires », présents à tous les échelons de la société : par contre, ils ont souvent changé de vie, professionnelle et personnelle, une ou plusieurs fois. De nombreux témoignages sont donnés dans le livre qui en a été tiré, et dont les analyses sont valables aussi pour bien des pays occidentaux : *L'émergence des créatifs culturels*, Paul H. Ray & Sherry R. Anderson (éd. Yves Michel 2001).

La suite en Europe et en France : toute une aventure !

Quelques personnes ont pris connaissance de cette étude, soit directement aux USA, soit à travers le livre traduit en France. Avec certains d'entre eux, dont Eric Seulliet (auteur d'un chapitre de ce livre), nous avons constitué un petit groupe de réflexion, avec l'intention de réaliser une enquête similaire en France.

En effet, lorsque je suis allé voir la presse avec le livre des auteurs américains, les médias français sont restés de marbre, mis à part quelques uns plus curieux comme *Business Digest* et *Nouvelles Clés*... Le besoin est donc apparu de fournir des chiffres français, sinon rien !

Nous avons souvent évoqué le terme traduit en français par « créatifs culturels », car il ne nous satisfait pas vraiment, évoquant à certains le milieu de la publicité ou autre. Il aurait fallu utiliser une périphrase, ou au moins les « créateurs de culture », ou les « cré'actifs culturels », mais aucun terme n'a emporté notre adhésion. D'un autre côté, pensons que ce concept se répand à l'échelon international, comme nous allons le voir, et donc il facilite des ponts ; et puis, il s'est doucement installé dans l'esprit de quelques milliers de personnes en France même, donc nous avons résolu de le conserver tel.

Cela se passait en 2001, nous étions une poignée de volontaires enthousiastes mais sans moyens ni méthode au départ. Il y avait plusieurs consultants, un temps un sociologue, et moi-même éditeur. Ce groupe a fluctué au fil des années, avec du renouvellement. Après quelques tâtonnements et une première réflexion, nous avons eu connaissance d'une initiative à l'échelon européen, lancée par Ervin Laszlo et son Club de Budapest, avec la collaboration des auteurs américains. Une première réunion s'est donc déroulée en Italie, où étaient déjà présents des représentants de plusieurs pays désireux de réaliser la même enquête : des Hongrois, des Italiens, des Allemands, à qui sont venus se joindre par la suite des Norvégiens, des Hollandais, et... des japonais ! Quelle excitation de voir ce réseau naître sur un même objectif ! Ervin et Paul Ray aimeraient ensuite réaliser ce travail dans des pays arabes...

Voici les bases de ce projet, telles que définies par Ervin Laszlo en janvier 2003 :

Objectif

Le Club de Budapest s'apprête à lancer une « Enquête sur les Créatifs Culturels en Europe » dont il assurera la coordination internationale. Il s'agit là de la phase 1 de son projet global intitulé « Observatoire de l'évolution de la conscience humaine ».
L'objectif de cette enquête est de fournir une estimation fiable de l'existence de cultures dans lesquelles se manifeste à un niveau plus élevé le sens des responsabilités et de la solidarité en Europe, et de définir avec précision leurs ressemblances et leurs différences avec ce que l'on désigne sous le terme de « culture des créatifs culturels » aux Etats-Unis.

Ligne directrice

Pour le Club de Budapest, l'évolution des valeurs et du mode de vie dans les couches les plus larges de la population constitue la meilleure voie - et peut-être la seule - capable de mener à la création d'un monde où la paix et la responsabilité face à l'avenir auront toute leur place. Cette évolution est déjà un fait mais qui n'est pas encore pleinement reconnu. Le fait d'en mesurer mieux l'ampleur peut avoir des répercussions importantes dans chaque pays et sur chaque continent. Ceux qui en sont les acteurs se sentiraient confortés dans leur point de vue en découvrant qu'ils ne sont pas seuls. Ceux qui sont extérieurs à cette évolution seraient incités à reconsidérer leur vision du monde en termes de valeurs, de modes de vie et de comportements. Le monde des affaires découvrirait qu'il existe un marché en émergence qui n'est pas encore identifié à sa juste mesure, et pour lequel une offre de services reste à créer. Enfin, les hommes politiques découvriraient qu'il existe une part considérable de leur électorat potentiel dont les intérêts et les aspirations n'ont pas encore de représentation politique. En conséquence, on assisterait à des changements dans la culture dominante de la société, à un virage dans les stratégies des entreprises et à une reconfiguration du paysage politique actuel.

Points de repère

Le projet global, et plus particulièrement la présente enquête, s'articulent autour des trois axes suivants :

1. Les valeurs et les modes de vie qui façonnent le monde actuel engendrent sur le plan de l'économie, de la société et de l'environnement un fonctionnement qui n'est pas viable. Si ce fonctionnement restait le paradigme dominant dans notre culture, il conduirait à des situations de crise préjudiciables à l'ensemble de la communauté internationale, sans distinction.

2. On peut se diriger vers des choix plus responsables en matière de société, d'économie et d'environnement en se basant sur les changements qui sont intervenus dans l'échelle des valeurs et les modes de vie d'une partie importante de la population des pays de l'Est et de l'Ouest, du Nord et du Sud. Ces changements sont déjà une réalité, même si celles et ceux qui les vivent n'ont pas de prise sur leur environnement politique et économique immédiat ou plus lointain, du fait du peu de communication existant sur ce sujet.

3. Diffuser les informations permettant de faire reconnaître à leur juste mesure les changements actuels dans les valeurs et les modes de vie, donnerait une visibilité au phénomène d'émergence de nouvelles cultures et le doterait ainsi d'un véritable impact économique et politique. En montrant que la culture des « créatifs culturels » ou de leurs équivalents est un phénomène déjà largement présent dans les couches les plus variées de la société, on permettrait que soient mis au centre d'un débat public les comportements et les aspirations susceptibles de modifier radicalement les logiques à court terme et suicidaires actuellement à l'œuvre dans les domaines de l'économie, de la politique et de l'écologie.

Nous avons élaboré un questionnaire européen commun, avec les auteurs originaux, de façon à pouvoir ensuite mettre en commun les résultats et les comparer. Puis nous avons traduit ce questionnaire dans chaque langue en adaptant certaines questions spécifiques (sur les partis politiques, par exemple). Il restait à notre groupe français à mettre au point la méthode pour appliquer ce questionnaire, trouver les fonds nécessaires, et déterminer comment faire connaître ce concept par la suite. L'antenne française du Club de Budapest n'a pas souhaité s'associer à ce travail ; c'est donc l'Association pour la biodiversité culturelle (A.B.C.), créée en 1998, qui a servi de support pour mener à bien ce travail en France.

Nous avons sollicité Jean-Pierre Worms, un sociologue, pour superviser scientifiquement notre travail, et il a accepté avec intérêt.

Sur la méthode, nous avons envisagé de réaliser des « focus groupes » comme une première étape à une époque, puis avons résolu d'appliquer notre questionnaire selon les méthodes classiques sur un échantillon représentatif de la population française. Ceci fut fait sur un échantillon de 1115 personnes par l'Institut Field Solution et Maxicom, puis les chiffres ont été dépouillés par l'Institut B3TSI, avec le concours d'une membre de notre groupe et de Jean-Pierre Worms. Les résultats sont détaillés dans le chapitre suivant.

Le financement semblait une montagne à gravir ! À une étape, nous avons envisagé de travailler avec un laboratoire du CNRS de Grenoble, mais ça s'est révélé une impasse. Nous avons approché certains instituts professionnels, pour une collaboration, car des études similaires existent : nous n'avons pas trouvé d'entente possible. Les devis qui nous ont été proposés étaient aux environs de 40 000 euros... Nous avons pensé à des souscriptions, à des réunions payantes pour entreprises, etc. Cela demandait une mise en place coûteuse en temps et énergie.

Finalement, ce sont deux fondations qui, par des contacts personnels, ont apporté la somme nécessaire : que tous en soient remerciés ici ! Cela était simple, et préservait notre indépendance vis-à-vis de qui que ce soit.

Il aura fallu environ 5 ans pour réaliser cette étude, et un grand nombre d'heures de travail et de réunions, le tout bénévolement, sauf cas ponctuel. Et nous sommes heureux de mettre au jour ces résultats, en espérant qu'ils apportent du neuf dans le débat de société.

Florence Morgen & Yves Michel

Synthèse de l'enquête menée en France

1. Contexte, objectifs et méthodologie de l'étude française

Après la parution en 2001 de l'ouvrage des sociologues américains Paul H. Ray et Sherry Ruth Anderson intitulé *L'émergence des Créatifs Culturels – Enquête sur les acteurs d'un changement de société*, une dynamique s'est créée en Europe afin de pouvoir quantifier et qualifier le mouvement des créatifs culturels outre Atlantique.

Un questionnaire européen a été élaboré, puis chaque pays a pris en charge l'adaptation de ce questionnaire aux spécificités nationales ainsi que la mise en œuvre d'une étude sociologique (voir chapitre précédent).

L'étude réalisée en France a été fondée sur une méthodologie quantitative auprès d'un échantillon représentatif de la population française, composé de 1115 personnes âgées de 15 ans et plus.

Les interviews ont été réalisées à partir d'un questionnaire identique, selon deux modes d'interview :

- face-à-face à domicile d'une durée d'environ trente minutes (601 personnes),

- sur Internet (514 personnes) ; résultats pondérés pour tenir compte du vecteur.

Dans l'enquête initiale menée aux USA, les auteurs ont identifié les créateurs d'une nouvelle culture en Occident. Ils les ont appelés les Créatifs Culturels, établi qu'ils représentent 24% de la population américaine et sont en rapide croissance.

La population des créatifs culturels identifiée aux USA présente la principale caractéristique d'être tournée de **façon concomitante** vers les quatre dimensions suivantes :

- l'écologie,
- les valeurs féminines,
- l'implication sociale,
- le développement psycho spirituel.

La concomitance est un facteur important dans la définition de cette population émergente.

Le questionnaire ayant servi à la réalisation de l'étude française est un questionnaire international servant à réaliser cette étude dans de nombreux pays d'Europe mais aussi d'Asie et d'autres parties du globe.

Un tel questionnement, d'une durée moyenne de trente minutes, comprenait notamment une liste d'opinions composée d'une cinquantaine de citations pour lesquelles la personne interviewée devait exprimer son niveau d'accord (tout à fait d'accord, plutôt d'accord, ni d'accord ni pas d'accord, plutôt pas d'accord, pas du tout d'accord).

La réalisation de ces interviews a été confiée à la société Maxicom (société d'études de marché fondée en 1992 par Paul Iordanow), en collaboration avec la société de terrain d'étude Field et Solutions dotée d'un réseau de 750 enquêteurs (550 enquêteurs en étude face-à-face, 200 enquêteurs en étude téléphonique et disposant d'outils de passation des questionnaires et de recueil des informations assistés par informatique).

Maxicom et Field Solutions réalisent ensemble des études qualitatives et quantitatives.

Le traitement informatique et statistique des données a été réalisé par la société B3TSI, société créée en 1987 et spécialisée dans le traitement statistique des données.

Comme analyse multivariée, nous avons retenu pour l'étude France, l'analyse typologique.

La mise en œuvre d'une telle analyse nous a permis de définir les dimensions les plus à même de segmenter la population française aujourd'hui.

Ainsi, pour la typologie qui nous intéresse et qui a permis d'identifier et de quantifier le courant des créatifs culturels, 6 facteurs, combinaisons de 29 critères d'opinion, ont été retenus.

Les **six dimensions** à partir desquelles nous allons définir et décrire ces courants socioculturels français actuels, constituent **le premier grand résultat de cette étude ; il s'agit des six dimensions suivantes :**

- **l'écologie et le développement durable** : le bio, la consomm'action, les méthodes naturelles de santé,
- **le rôle des femmes dans la société** : la véritable place des femmes dans notre société, coopération et préoccupation par rapport à la violence,
- **être, avoir et paraître** : l'importance de l'être par rapport à l'avoir et au paraître,
- **le développement personnel** : la connaissance de soi et l'ouverture aux autres, la dimension spirituelle,
- **l'enjeu sociétal** : l'implication individuelle et solidaire dans la société, le social avec une dimension locale,
- **l'ouverture culturelle** : le respect des différences, le multiculturel.

Tous ces facteurs sont des facteurs d'opposition et constituent des sujets de débats ou de positions contradictoires.

Chaque individu, en fonction de ses réponses aux 29 critères d'opinion, se voit attribuer une coordonnée sur chacun des 6 facteurs. Les individus qui, au regard des 6 facteurs se ressemblent le plus, constituent un groupe.

Ainsi l'analyse typologique nous a révélé au total 5 groupes d'individus aux opinions très tranchées et très différentes d'un groupe à l'autre. Il s'agit des 5 courants socioculturels français actuels.

Les créatifs culturels :

- sont pour l'écologie et le développement durable,
- reconnaissent l'importance du rôle des femmes dans la société,
- sont dans l'être davantage que dans l'avoir et le paraître,
- sont pour la connaissance de soi et ont une sensibilité pour ce qui touche la spiritualité,
- sont ouverts sur le monde,
- sont défavorables au développement économique à tout prix et s'impliquent au niveau collectif.

2. Quantification des créatifs culturels en France

L'enquête française fait apparaître cinq courants socioculturels dont celui des créatifs culturels.

Les créatifs culturels français se distinguent par une **sensibilité concomitante aux six dimensions étudiées.**

Ils représentent 17% de la population française, aux côtés des quatre autres courants suivants :

- les alter créatifs 21%
- les protectionnistes inquiets 23%
- les conservateurs modernes 20%
- les détachés sceptiques 18%

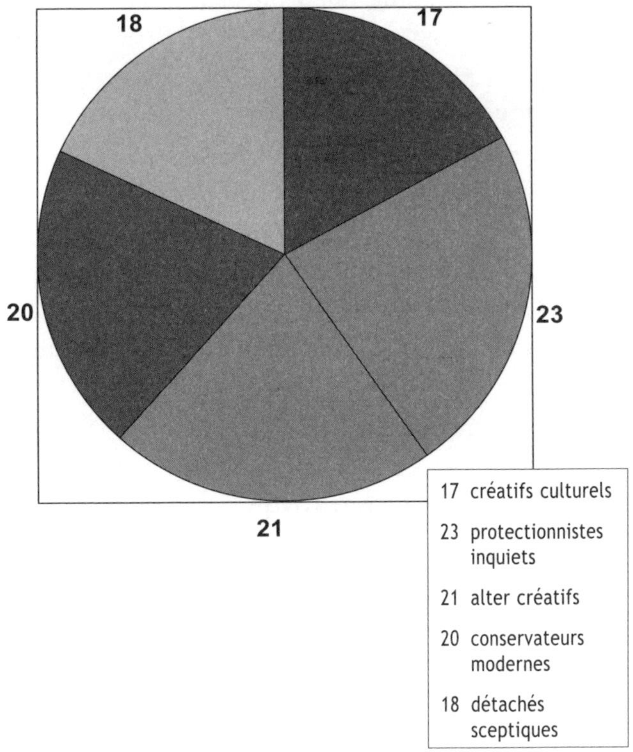

RÉSULTATS DÉTAILLÉS

Les créatifs culturels : 17% de la population française

% du courant des créatifs culturels
(vs population française)

• Écologie et développement durable

80% *(vs 66%)* estiment que la recherche de profit immédiat des grandes entreprises **multinationales** est **néfaste** à notre pays.

94% *(vs 72%)* sont très **préoccupés par les problèmes écologiques**.

51% *(vs 40%)* seraient prêts **à payer 10cts** de plus par litre de carburant s'ils pouvaient être sûrs que ce supplément serve à **protéger l'environnement**.

• Place des femmes dans la société

97% *(vs 83%)* estiment que les hommes et les femmes devraient **partager les tâches ménagères**.

89% *(vs 67%)* pensent que notre culture, notre société, a besoin d'une **place plus importante** donnée aux **valeurs féminines**, à la sensibilité.

98% *(vs 85%)* sont **préoccupés** par les **violences faites aux femmes** et les abus dont elles sont victimes dans le monde.

• Être, avoir et paraître

92% *(vs 79%)* pensent qu'il vaut mieux vivre **une vie plus simple**, moins axée sur la consommation et la richesse.

80% *(vs 51%)* **ne sont pas en accord** avec la volonté de gagner le plus **d'argent** possible.

94% *(vs 79%)* **n'aiment pas** vivre dans le **luxe**.

• **Développement personnel**

49% *(vs 25%)* aiment s'inspirer de **personnalités spirituelles**.

72% *(vs 59%)* estiment que les **enfants** sont des **individus à part entière** dès leur naissance et que les parents devraient permettre qu'ils se développent librement.

50% *(vs 24%)* aimeraient disposer de plus de temps pour **méditer, s'occuper de sujets spirituels**.

79% *(vs 48%)* aimeraient disposer de plus de temps et faire plus d'efforts pour mieux se connaître, **assurer son développement personnel** et pour développer sa propre personnalité.

86% *(vs 62%)* pensent que **l'éducation** devrait mettre des sujets comme une meilleure connaissance de soi, le **développement personnel** et les relations avec les autres au même niveau que la connaissance et les formations professionnelles.

62% *(vs 35%)* estiment que des changements positifs de leur personnalité, dans leur vie, pourraient **contribuer à changer le monde** .

• **Enjeu sociétal**

87% *(vs 72%)* déclarent **aimer vraiment aider les autres**.

80% *(vs 57%)* pensent que leur travail devrait apporter une **contribution sensible à la société**.

92% *(vs 71%)* **ne sont pas en accord** avec le principe selon lequel il est plus important de maintenir les emplois que de constamment protéger la nature.

92% *(vs 79%)* **ne sont pas en accord** avec le fait qu'en règle générale ce sont ceux qui ne veulent pas travailler qui sont pauvres.

90% *(vs 72%)* **n'ont pas la volonté** d'avoir à faire le moins possible avec les problèmes des autres.

- **Ouverture culturelle**

Pour 86% *(vs 57%)* le **multiculturalisme** est une valeur très importante.

92% *(vs 68%)* estiment que leurs enfants devraient apprendre à **accueillir les gens des autres pays** et à s'y faire des amis.

70% *(vs 46%)* **rejettent** l'idée qu'il faille **expulser les étrangers condamnés** de notre pays.

Ce groupe exprime une véritable sensibilité **concomitante** aux six dimensions étudiées (écologie, rôle des femmes dans la société, enjeu sociétal...) et c'est d'abord en cela qu'il se distingue des autres courants mis en évidence dans le cadre de cette étude.

Ce qui caractérise le courant des créatifs culturels

→ Très préoccupés par les problèmes écologiques.

→ Favorables aux principes du développement durable.

→ Prônent un rôle plus large des femmes dans la société et une meilleure condition de la femme.

→ Sont davantage dans l'être que dans l'avoir et le paraître.

→ Sont sensibles à la spiritualité et à l'ouverture aux autres.

→ Sont porteurs d'une conscience différente en matière d'éducation.

→ Pensent qu'un changement personnel peut contribuer au changement de notre société.

→ Sont défenseurs de valeurs multiculturelles.

LES SIX DIMENSIONS VALEURS

1. Écologie et développement durable

(base 1115 personnes / en %) “ est d'accord ” (tout à fait + plutôt)	Créatifs culturels (192p)	Population française (1115p)
La recherche de profit immédiat des grandes entreprises multinationales est néfaste à notre pays	**80**	66
Il n'y a pas assez de ressources de matières premières pour subvenir aux besoins de plus d'hommes sur la terre	50	52
Je suis d'accord avec les gens qui considèrent la planète terre comme un seul grand organisme vivant	**74**	63
Je suis très préoccupé par les problèmes écologiques, comme le réchauffement de la planète, la destruction des forêts tropicales, l'extinction des espèces, la destruction de la couche d'ozone, la pollution	**94**	72
Je suis préoccupé par le fait que la surpopulation de la planète pourrait entraîner une grande catastrophe écologique	60	59

➤ Les créatifs culturels se révèlent particulièrement sensibles aux problèmes écologiques ainsi qu'aux risques liés au développement économique intensif de certaines grandes entreprises multinationales.

(base 1115 personnes / en % /) *" est d'accord " (tout à fait + plutôt)*	Créatifs culturels (192p)	Population française (1115p)
Le gouvernement devrait sanctionner sévèrement les industries qui continuent à polluer	**100**	92
Je serais prêt à payer 10 cents de plus par litre d'essence ou de gazole, si je pouvais être sûr que ce supplément serve à protéger l'environnement	**51**	40
Nous devons avoir un devoir moral de protéger et de conserver toutes les espèces animales vivant sur la planète	**97**	87
Les entreprises devraient privilégier une croissance à long terme, plutôt que les profits à court terme	**92**	81
Le progrès scientifique, technique, peut aider la croissance économique et nous pouvons l'utiliser pour protéger l'environnement	**85**	79
Les entreprises multinationales sont essentielles pour assurer la fourniture des biens et des services nécessaires à votre standard de vie	**31**	42
La nature est là pour être utilisée comme nous le voulons	**3**	12
Quand les ressources naturelles auront été totalement épuisées, la science et la technologie trouveront des solutions de remplacement	**17**	32
Le génie génétique permettra de résoudre beaucoup de problèmes qui vont se poser dans le futur	41	46

➤ Les créatifs culturels constituent un des deux courants les plus enclins à imprimer dans leurs comportements leurs principes de pensée.

2. Rôle des femmes dans la société

(base 1115 personnes / en % /) *" est d'accord " (tout à fait + plutôt)*	Créatifs culturels (192p)	Population française (1115p)
Plus de femmes devraient occuper des fonctions dirigeantes dans les entreprises, avoir des responsabilités politiques	**93**	78
Les hommes et les femmes devraient partager les tâches ménagères de façon équitable	**97**	83
Notre culture, notre société a besoin d'une place plus importante donnée aux valeurs féminines, à la sensibilité	**89**	67
Je suis préoccupé par les violences faites aux femmes et les abus dont elles sont victimes dans le monde	**98**	85
Les tâches principales des femmes sont d'élever les enfants et s'occuper des travaux ménagers	**2**	16

➤ Sur la totalité des notions évaluées, les créatifs culturels se distinguent par leur profonde sensibilité et ouverture à une autre place du féminin au sein de notre société (aussi bien les hommes que les femmes).

3. Être, avoir et paraître

(base 1115 personnes / en % /) *" est d'accord " (tout à fait + plutôt)*	Créatifs culturels (192p)	Population française (1115p)
Il vaut mieux vivre une vie plus simple, moins axée sur la consommation et la richesse	**92**	79
Il est important pour moi de m'habiller à la dernière mode	**11**	20
J'aime susciter l'admiration autour de moi	**19**	28
Je veux gagner le plus d'argent possible	**20**	49
J'aime vivre dans le luxe	**6**	21
Je tiens à réussir ma carrière	**55**	61
Je ferais tout pour soigner mon apparence	**47**	61

➤ Un Français sur deux déclare vouloir gagner le plus d'argent possible. Cette attitude est corroborée par la fait que 61% de la population française tienne à réussir sa carrière.

À l'égard d'une telle position, vénale, le courant des créatifs culturels est le courant le plus nettement en recul.

➤ Les créatifs culturels apparaissent comme défenseurs d'une vie (plus) simple fondée sur des valeurs et non sur des apparences.

4. Le développement personnel et spirituel

(base 1115 personnes / en % /) *" est d'accord " (tout à fait + plutôt)*	Créatifs culturels (192p)	Population française (1115p)
J'aime m'inspirer de personnalités spirituelles	**49**	25
Les enfants sont des individus dès leur naissance et les parents devraient permettre qu'ils se développent librement	**72**	59
Il est important pour moi de pouvoir exprimer mes propres capacités et ma créativité dans mon travail	**86**	74
J'aimerais disposer de plus de temps pour méditer, m'occuper de sujets spirituels	**50**	24
J'aimerais disposer de plus de temps et faire plus d'efforts pour mieux me connaître, assurer mon développement personnel et pour développer ma propre personnalité	**79**	48
Je pense que l'éducation devrait mettre des sujets comme une meilleure connaissance de soi, le développement personnel et les relations avec les autres au même niveau que la connaissance et les formations professionnelles	**86**	62
Il est important d'éviter les controverses et les disputes pour promouvoir plutôt les coopérations pacifiques avec les autres	70	66
Des changements positifs de ma personnalité, dans ma vie, pourraient contribuer à changer le monde	**62**	35
Les parents doivent éduquer les enfants de façon à ce qu'ils soient comme leurs parents	**14**	25
Je vis selon les valeurs morales traditionnelles de mes parents et de mes grands-parents	**48**	61

➤ Être créatif culturel, c'est être créateur de culture.

Ce sens est, au sein de la dimension « développement personnel », révélé sur le registre des qualités de création et cela notamment au travers de deux notions :

- l'importance accordée à l'expression de ses capacités et de sa créativité dans le travail,
- la reconnaissance de l'influence de son propre changement sur le changement du monde.

➤ La dimension « développement personnel » est la dimension la plus fortement contributrice à la distinction entre les créatifs culturels et les alter créatifs.

5. L'enjeu sociétal

(base 1115 personnes / en % /) *" est d'accord " (tout à fait + plutôt)*	Créatifs culturels (192p)	Population française (1115p)
Le gouvernement devrait faire une loi pour limiter la spéculation boursière	**68**	56
J'aime vraiment aider les autres	**87**	72
Mon travail devrait apporter une contribution sensible à la société	**80**	57
J'aimerais contribuer à façonner une société meilleure	**95**	75
J'aime être aidé par des amis, des voisins	**54**	48
Je veux vivre en m'endettant le moins possible	87	88
Nous avons besoin de plus de croissance économique pour subvenir aux besoins des hommes	**29**	53
Il est plus important de maintenir les emplois que de constamment protéger la nature	**8**	29

La compétitivité de l'économie mondiale devrait avoir la priorité sur les intérêts locaux	21	31
En règle générale ce sont ceux qui ne veulent pas travailler qui sont pauvres	8	21
Je veux avoir à faire le moins possible avec les problèmes des autres	**10**	28

➤ Un net parti-pris de la part des créatifs culturels en faveur d'une contribution sociétale des individus et d'une reconnaissance de l'aide à son prochain.

6. L'ouverture culturelle

(base 1115 personnes / en % /) *" est d'accord " (tout à fait + plutôt)*	Créatifs culturels (192p)	Population française (1115p)
Le multiculturalisme est une valeur très importante	**86**	57
Mes enfants devraient apprendre à accueillir les gens des autres pays et à s'y faire des amis	**92**	68
La France a besoin de plus d'immigrés	**13**	10
Il faut redistribuer la richesse pour lutter contre la pauvreté	**88**	72
Nous devons expulser les étrangers condamnés de notre pays	**30**	54

➤ Être créatif culturel, c'est être créateur de culture.

Ce sens est, au sein de la dimension « ouverture culturelle », révélé sur le registre du multiculturalisme et cela notamment au travers de la transmission à ses enfants du principe d'accueil et de reconnaissance des différences.

SPÉCIFICITÉS DES CRÉATIFS CULTURELS FRANÇAIS

Culture et loisirs

• Les principales sources d'information

➤ Les créatifs culturels français ont principalement recours aux mêmes sources d'information que les Français ; toutefois, on note qu'ils regardent un peu moins la télévision (50% / 52 %), utilisent davantage internet (15% / 12%).

• Fréquence annuelle de pratique des activités culturelles

Les créatifs culturels regardent la télévision et lisent la presse selon des fréquences totalement calquées sur la moyenne nationale ; à savoir : 271 fois par an pour la télévision et 153 pour la presse.

Ils se distinguent de la moyenne nationale sur les activités suivantes :

Fréquence moyenne par activité (fois / an)	Créatifs culturels	Population française
Surfer sur Internet	218	176
Entretenir ses relations personnelles (amis, enfants, groupe de chant)	157	127
Lire des romans	91	72
Pratiquer des activités artistiques (musique, chant, peinture...)	58	37

Accomplir des tâches bénévoles en matière sociale ou environnementale (y compris aider des parents)	45	34
Accomplir des activités pour son développement personnel	41	23
Pratiquer des activités religieuses ou spirituelles (à l'église, mosquée, temple, mais aussi méditer, accomplir des rituels...)	30	18
Danser	29	22

Développement individuel

• Intérêt et vécu en matière de développement personnel

En ce qui concerne des séances, des ateliers, des séminaires portant sur des sujets comme la connaissance de soi, la croissance personnelle, un chemin spirituel, le yoga, la méditation, le chamanisme, la pensée positive..., vous diriez que :

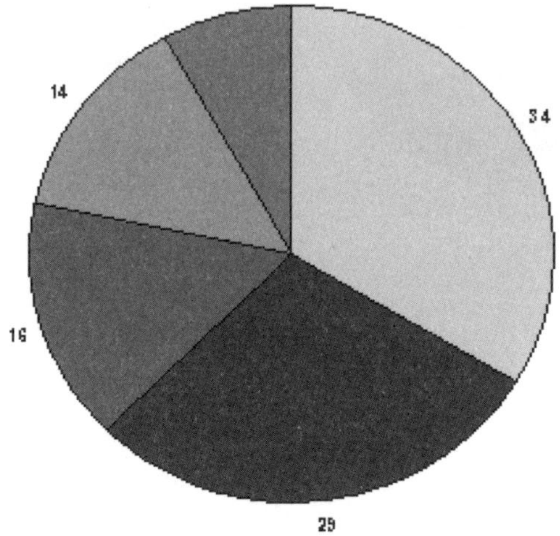

34 pas participé, pas intéressé
29 jamais participé et intéressé
16 déjà participé 1 ou 2 fois
14 déjà participé plusieurs fois
7 participe souvent

➤ 38 % des créatifs culturels ont déjà participé à un stage ou séminaire de développement personnel (connaissance de soi, croissance personnelle, un chemin spirituel, le yoga, la méditation, le chamanisme, la pensée positive) contre 19% des Français.

Parmi ces 38%, 86% d'entre eux estiment que ces stages ont eu beaucoup d'influence sur leur façon de vivre.

Globalement, estimez-vous que ces séances, ces séminaires, ces ateliers vous ont influencé et ont eu une influence sur votre façon de vivre ?

(Base = personnes ayant déjà participé plusieurs fois ou souvent = 42 créatifs culturels)

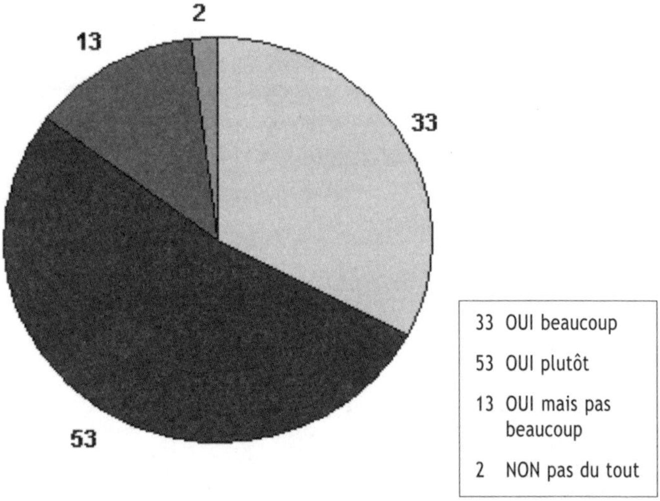

➤ Un créatif culturel sur trois estime que ces stages et séminaires ont eu beaucoup d'influence sur sa façon de vivre.

PRATIQUES EN MATIERE DE CONSOMMATION

La nourriture

Quelle sorte de nourriture mangez-vous d'habitude ? Vous mangez...

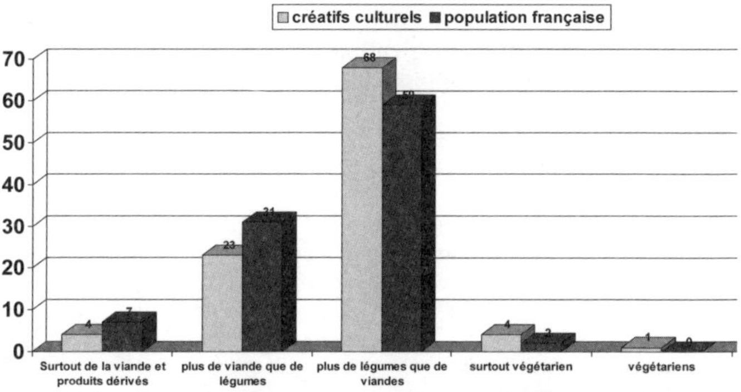

➤ Une tendance à une alimentation avec peu de viande nettement plus marquée chez les créatifs culturels.

Les principales catégories de produits bio, écologiques ou naturels

➤ Les créatifs culturels ont un taux d'achat de produits bio, écologiques ou naturels largement supérieur à la tendance nationale.

% de personnes achetant cette catégorie de produits	Créatifs culturels	Population française
Des produits alimentaires bio, comme des œufs, des légumes, de la volaille	54%	42%
Des produits de beauté, de soins du corps naturels, écologiques	49%	43%
Des lampes ou des produits basse consommation, comme par exemple des produits électriques ne disposant pas d'un système de veille	**75%**	62%
Des lessives ou des produits d'entretien écologiques	64%	50%

À quelle fréquence pensez-vous renouveler actuellement les articles suivants...

➤ Quel que soit le type de biens de consommation, les créatifs culturels ont significativement tendance à renouveler leur équipement avec une fréquence assez longue : plus longue que la moyenne nationale.

➤ Les créatifs culturels apparaissent comme les plus équipés de tous les courants étudiés ; en effet ils sont toujours minoritaires sur l'item « n'en possède pas ».

Ils se présentent comme étant des « possesseurs conservateurs modernes » ; alimentant ainsi peu ou pas les processus consuméristes.

EN MATIÈRE DE PROTECTION DE L'ENVIRONNEMENT

Êtes-vous d'accord ou pas (échelle d'accord en 5 points) avec les citations suivantes :

• Pour protéger l'environnement, nous devons consommer moins ?

➤ 80% des créatifs culturels reconnaissent le lien entre protection de l'environnement et ralentissement de la consommation, *vs* 63% de la population française dans son ensemble

• Je serais prêt à payer des impôts supplémentaires si j'étais sûr qu'ils serviraient à résoudre nos problèmes d'environnement ?

➤ 62% des créatifs culturels seraient favorables à une participation financière citoyenne à la résolution des problèmes environnementaux, *vs* une moyenne nationale de 41%.

EN MATIERE DE RELIGION ET DE SPIRITUALITE

Parmi les phrases que je vais vous lire, quelles sont celles qui se rapprochent le plus de vos croyances, pratiques religieuses ou de vos recherches spirituelles ?

(base 1115 personnes / en % /) *(Plusieurs réponses possibles)*	Créatifs culturels (192p)	Population française (1115p)
Je suis agnostique (je ne crois pas en Dieu, mais je ne nie pas catégoriquement qu'il y en ait un)	23	19
Je me considère comme une personne en quête de spiritualité, mais je ne suis pas lié à une religion ou à un itinéraire déjà institutionnalisé	**17**	6
Je suis athée (Dieu n'existe pas)	**15**	20
Je suis catholique	**15**	43
Je me sens attiré par des religions comme l'hindouisme, le taoïsme...	**8**	2
Dans mon itinéraire personnel, je m'appuie sur des recherches ou des pratiques comme le yoga, le druidisme, l'anthroposophie, la théosophie, la chamanisme, la wicca...	**8**	3
Je suis chrétien mais ni catholique ni protestant	6	6
Je suis bouddhiste	**3**	1
Je suis musulman	3	2
Je suis protestant	1	2
Je suis juif	1	2

Parmi les phrases suivantes, quelles sont celles qui vous correspondent ? *(plusieurs réponses possibles)*

(base 1115 personnes / en % /) *(Plusieurs réponses possibles)*	Créatifs culturels (192p)	Population française (1115p)
J'ai un fort engagement dans mes convictions spirituelles ou religieuses	9	8
Mes convictions religieuses ou spirituelles sont très fortes et elles proviennent de mes parents, de ma famille	15	20
J'ai quitté un groupe religieux, une communauté religieuse	3	2
J'ai changé de convictions religieuses	5	3
J'ai trouvé ce qui est la vraie croyance pour moi	19	
Des valeurs éthiques fondamentales sont plus importantes pour moi que des croyances religieuses	**46**	28
Je n'ai jamais eu de croyance religieuse ou de conviction spirituelle	21	33

➤ La dernière ligne de ce tableau illustre bien l'un des principaux facteurs de différenciation entre les créatifs culturels (21%) et les alter créatifs (52%) : l'attachement ou non à des croyances ou convictions, religieuses ou spirituelles.

LE DOMAINE DE LA SANTÉ

Concernant les pratiques de médecine alternative telles que l'homéopathie, l'acupuncture, la naturopathie, la phytothérapie, la médecine ayurvédique, des thérapies naturelles, des pratiques paramédicales, diriez-vous que...

➤ 85% des créatifs culturels ont déjà utilisé des pratiques de médecine alternative, dont 25% souvent.

La moyenne nationale d'utilisation de ces thérapies est de 65%, dont 12% utilisent souvent.

Êtes-vous d'accord ou pas avec la phrase suivante : les médecines alternatives devraient être prises plus au sérieux par les médecins, la sécurité sociale et les hommes politiques ?

➤ 82% des créatifs culturels répondent OUI, et 69% de la population française : comment expliquer la surdité des élus de tous bords ?

LE RAPPORT À LA POLITIQUE

Appartenance politique

De quel parti vous sentez-vous le plus proche ?

(base 1115 personnes / en % /) *(Plusieurs réponses possibles)*	Créatifs culturels (192p)	Population française (1115p)
Je ne me sens proche d'aucun parti	**38**	32
Je ne m'intéresse pas à la politique	**11**	18
Le parti socialiste	19	15
Les Verts	10	4
Génération écologie	**3**	2
Le parti communiste	3	3
La ligue communiste révolutionnaire	2	1
Lutte ouvrière	1	1
Le mouvement des radicaux de gauche	1	0
UMP	**4**	8
UDF	**3**	5
Le mouvement pour la France	1	1
Le front national	**0**	3

Attitudes vis-à-vis des partis politiques

➤ À la question : ***Quelle est votre attitude vis-à-vis des partis politiques***, **trois Français sur quatre** déclarent être en « rupture » avec ces partis, soit par manque d'intérêt pour la politique, soit par manque de résonance avec un parti politique actuel (c'est notamment le cas pour les créatifs culturels).

(base 1115 personnes / en % /) *(une seule réponse possible)*	Créatifs culturels (192p)	Population française (1115p)
Je ne m'intéresse pas à la politique	**19**	28
Je suis déçu par les partis politiques actuels et j'espère que vont apparaître de nouvelles forces politiques	**42**	26
Je suis déçu par les partis politiques actuels et je n'ai aucun espoir qu'il puisse y avoir une amélioration de la situation.	21	22

➤ Les autres attitudes plus participatives sont donc minoritaires et se répartissent entre :

(base 1115 personnes / en % /) *(une seule réponse possible)*	Créatifs culturels (192p)	Population française (1115p)
Je suis sympathisant d'un parti politique, mais je n'en suis pas membre	12	14
Je suis actif politiquement en dehors de ces partis	2	3
Je suis membre d'un parti politique	2	1

Problèmes les plus menaçants pour l'humanité

Parmi la liste suivante, quels problèmes politiques vous paraissent les plus graves dans le monde ? Veuillez me citer* UNIQUEMENT *les trois premiers problèmes qui vous paraissent les plus menaçants pour l'humanité par ordre d'importance.

➤ À partir de la liste proposée comportant 23 possibilités de problèmes, 9 ressortent comme étant les plus graves, avec une gravité nettement supérieure attribuée à la faim dans le monde.

(base 1115 personnes / en % /) *(Problème cité EN 1ER)*	Créatifs culturels (192p)	Population française (1115p)
La faim dans le monde	**31**	24
Les menaces contre l'environnement, la pollution, les changements climatiques	**14**	8
Le manque d'eau potable	13	10
La misère dans le monde	12	9
Les guerres, les conflits armés	7	7
Les violences et les crimes	4	8
Le terrorisme	4	7
Le chômage	**2**	5
Le coût élevé de la vie	1	4

➤ Au-delà du problème de la faim dans le monde suscitant un réel consensus, il est intéressant d'observer que pour les créatifs culturels la menace concerne essentiellement l'état des réserves naturelles de la terre et plus largement l'état de notre environnement.

Moyens disponibles susceptibles de participer à l'amélioration des problèmes les plus menaçants pour l'humanité

En ce qui concerne les moyens dont chaque citoyen dispose pour diminuer ou résoudre ces problèmes, quels sont, dans la liste suivante, les trois plus importants pour vous ?

➤ Les deux principaux moyens choisis par la population française touchent l'exemplarité et la responsabilité :

(base 1115 personnes / en % /) *(Moyen cité EN 1ER)*	Créatifs culturels (192p)	Population française (1115p)
En faisant connaître ces problèmes aux enfants et en leur montrant le bon exemple	22	19
En ayant un comportement responsable vis-à-vis de l'environnement, comme le recyclage des déchets, éviter de jeter, d'acheter	**24**	18

➤ Arrivent ensuite des registres comme l'information, la participation, l'aide, la prévention :

(base 1115 personnes / en % /) *(Moyen cité EN 1ER)*	Créatifs culturels (192p)	Population française (1115p)
Bien s'informer en lisant des journaux, en regardant les journaux télévisés	**3**	9
Apporter son soutien à des mouvements, des organisations qui cherchent à résoudre des problèmes	**14**	9

Voter et prendre part activement à la politique locale, peser sur les décisions prises au niveau local	8	8
Avoir un mode de vie sain	**1**	6
En ne buvant pas, en ne fumant pas, en ne se droguant pas	**3**	6
Écouter les autres avec attention et améliorer l'intercommunication	**8**	5
Mener une vie morale et observer la loi	4	4
Travailler toujours pour soi même, parce que si chacun faisait de même, ces problèmes n'arriveraient pas	**2**	3
Évoluer dans mes opinions, mes points de vue	3	3

VISION DE SOI ET DE LA VIE

Selon vous, comment vos valeurs et vos préoccupations sont-elles partagées par les autres ?

(base 1115 personnes / en % /) *(Plusieurs réponses possibles)*	Créatifs culturels (192p)	Population française (1115p)
Je me sens seul(e) ou pratiquement seul(e)	**2**	5
Je pense que quelques personnes les partagent	**18**	24
Je pense qu'ils sont partagés par une minorité spécifique	18	15
Je pense qu'ils sont partagés par une large majorité	**41**	35
Je pense qu'ils sont partagés par la majorité de mon entourage	20	20

Toujours en ce qui concerne vos valeurs et vos préoccupations, et parmi les personnes de votre entourage, pouvez-vous me dire si vous vous sentez soutenu(e) ou pas ?

➤ La population des créatifs culturels correspond à une population qui se sent peu ou pas soutenue par son entourage familial (horsmis la compagne ou le compagnon) : 11% déclarent ne recevoir aucun soutien ou un soutien négligeable (*vs* 6% population française).

Est-ce que dans votre vie de tous les jours, vous vivez selon vos valeurs et votre vision de la vie ?

Ici 54% des créatifs culturels et des alter-créatifs répondent « souvent », ou « toujours », contre seulement 46% de la population française.

➤ Les créatifs culturels et les alter créatifs sont les deux courants les plus en adéquation entre leur vision de la vie, leurs valeurs et leur vécu quotidien.

CARACTÉRISTIQUES SOCIODÉMOGRAPHIQUES

Sexe

Les créatifs culturels sont constitués à 64% de femmes *vs* 50% population française.

Âge

Les créatifs culturels sont plutôt jeunes : 68% de 18 – 49 ans *vs* 60% population française

Statut familial et présence d'enfants

➤ C'est au sein des créatifs culturels que l'on trouve la proportion la plus importante de personnes séparées ou divorcées (14% *vs* 10% population française) et le plus de foyers avec enfants (70% *vs* 61% population française). Il s'agit notamment de foyers avec trois enfants et plus (21% *vs* 16%).

Niveau d'instruction

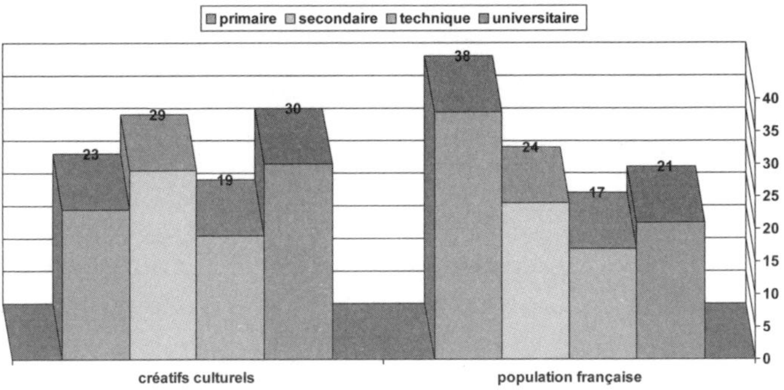

➤ Les créatifs culturels connaissent la plus forte proportion d'universitaires (30% *vs* 21% population française)

Situation professionnelle

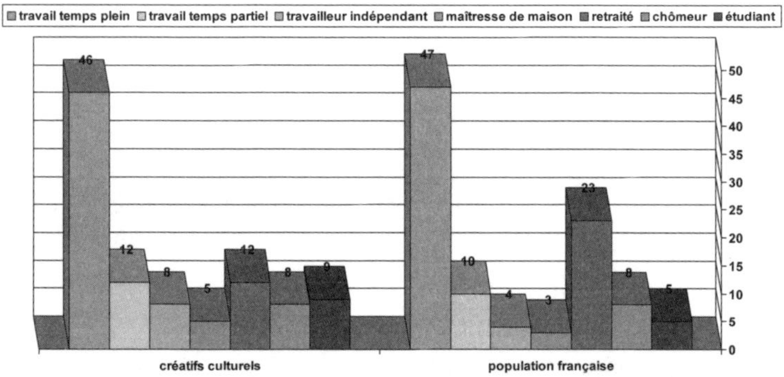

Catégorie socioprofessionnelle

(base 1115 personnes / en % /) *(Plusieurs réponses possibles)*	Créatifs culturels (192p)	Population française (1115p)
CSP INFERIEURES (agriculteurs, employés, ouvriers)	40	39
CSP SUPERIEURES (artisans, cadres, professions intermédiaires)	**40**	31
INACTIFS (dont retraités)	**20**	30

➤ Nous constatons une surreprésentativité des catégories socioprofessionnelles dites supérieures au sein du courant des créatifs culturels.

Nombre de personnes vivant des revenus du foyer

➤ Deux courants plus aisés :

- Les créatifs culturels (20% de revenus supérieurs à 45 000 euros *vs* 16% population française) **mais** avec sensiblement plus de personnes vivant sur ces revenus (pour 30% quatre personnes et plus *vs* 21% population française)

- Les alter créatifs (19% de revenus supérieurs à 45 000 euros *vs* 16% population française)

Localisation géographique

➤ Des créatifs culturels sensiblement plus nombreux dans la région Ouest.

(base 1115 personnes / en % /)	Créatifs culturels (192p)	Population française (1115p)
Ouest	**25**	19
Région parisienne	19	19
Centre Est	16	13
Nord	9	10
Est	9	9
Sud Est	**8**	12
Sud Ouest	**7**	10
Centre Ouest	5	8

Ceci s'explique en partie par l'âge : la population de l'Ouest est plus jeune.

SYNTHÈSE DES CARACTÉRISTIQUES DES CRÉATIFS CULTURELS FRANÇAIS

Note : bien entendu, le propos ici n'est pas de définir un groupe de plus – les créatifs culturels – avec ceux qui le sont et ceux qui ne le sont pas... ce serait retomber dans les pièges de la dialectique d'exclusion-inclusion par catégorisation. L'objectif est plus simple : participer à la prise de conscience de ce mouvement.

Ce groupe exprime **une véritable sensibilité concomitante** aux six dimensions étudiées (écologie, place du féminin, enjeu sociétal...) et c'est d'abord en cela qu'il se distingue des autres courants mis en évidence dans le cadre de cette étude.

➤ Les créatifs culturels sont **très préoccupés par les problèmes écologiques** et ils sont favorables aux principes du développement durable. Ils se révèlent particulièrement sensibles aux risques liés au développement économique intensif de certaines grandes entreprises multinationales :

→ 80% des créatifs culturels reconnaissent le lien entre protection de l'environnement et ralentissement de la consommation, *vs* 63% de la population française dans son ensemble

→ 62% des créatifs culturels seraient favorables à une participation financière citoyenne à la résolution des problèmes environnementaux.

Ainsi ils déclarent majoritairement que leur principal registre anxiogène concerne essentiellement l'état des réserves naturelles de la terre et plus largement l'état de notre environnement

➤ Les créatifs culturels prônent **une place plus large au féminin dans la société** et une meilleure condition de la femme.

Sur la totalité des notions évaluées quant au rôle des femmes dans la société, ils se distinguent par leur profonde sensibilité et ouverture à une autre place du féminin au sein de notre société (et ce aussi bien de la part des hommes que des femmes).

➤ Ils sont **davantage dans l'être que dans l'avoir et le paraître**.

Si un Français sur deux déclare vouloir gagner le plus d'argent possible, attitude corroborée par le fait que 61% de la population française tienne à réussir sa carrière, les créatifs culturels se présentent comme le courant le plus nettement en recul sur cette notion de gain pécuniaire.

Les créatifs culturels apparaissent comme défenseurs d'une vie (plus) simple fondée sur des valeurs et non sur des apparences.

➤ Un autre caractère distinctif des créatifs culturels est leur sensibilité à la **spiritualité** et à l'ouverture aux autres.

➤ En matière **d'éducation et d'hygiène de vie**, ils sont également typés :

→ 85% des créatifs culturels ont déjà utilisé des pratiques de médecine alternative, dont 25% souvent. La moyenne nationale d'utilisation de ces thérapies est de 65%, dont 12% souvent.

➤ Ce courant pense qu'un **changement personnel peut contribuer au changement de notre société** et en cela les créatifs culturels sont, entre autres et parmi d'autres, créateurs de culture.

Cette notion de potentiel créateur en matière de culture est notamment exprimée au travers des deux notions suivantes :

→ l'importance accordée à l'expression de ses capacités et de sa créativité dans le travail,

→ la reconnaissance de l'influence de son propre changement sur le changement du monde.

Nous retrouvons un net parti-pris de la part des créatifs culturels en faveur d'une contribution sociétale des individus et d'une reconnaissance de l'aide à son prochain.

➤ Enfin, les créatifs culturels sont défenseurs de **valeurs multiculturelles**.

La notion de création de culture se croise ici avec le registre du multiculturalisme et cela notamment au travers de la transmission à ses enfants du principe d'accueil et de reconnaissance des différences.

➤ **En termes de caractéristiques sociodémographiques**, c'est un courant :

→ plutôt féminin (64% de femmes *vs* 50% population française),

→ plutôt jeune (68% de 18 – 49 ans *vs* 60% population française),

→ plus aisé (20% de revenus supérieurs à 45 000 euros *vs* 16% population française) **mais** avec sensiblement plus de personnes vivant sur ces revenus (pour 30% quatre personnes et plus *vs* 21% population française),

→ où l'on trouve la proportion la plus importante de personnes séparées ou divorcées (14% *vs* 10% population française),

→ comportant le plus de foyers avec enfants (70% *vs* 61% population française). Il s'agit notamment de foyers avec trois enfants et plus (21% *vs* 16%),

→ présentant une sur représentativité des catégories socioprofessionnelles dites supérieures,

→ sensiblement plus important dans la région Ouest..

En guise de conclusion

Trois grands résultats sont à retenir au vu de cette étude :

1. La France compte une proportion de 38% d'individus se plaçant aujourd'hui dans une alternative créative.

Ces 38% de Français sont porteurs d'un potentiel de création d'une conscience différente (17% de créatifs culturels et 21% d'alter créatifs).

Il s'agit d'une partie de la population sur laquelle la société peut, pourrait, pourra, s'appuyer, pour opérer des changements.

2. Il est particulièrement important de retenir que cette partie de la population française, les créatifs culturels, susceptible de favoriser l'émergence d'une nouvelle conscience, est constituée d'individus présentant une sensibilité pluridimensionnelle. En effet, les six dimensions suivantes correspondent à de forts registres de sensibilité et d'action pour ces personnes :

- **respect de l'environnement et intérêt pour les pratiques de santé naturelles,**
- **reconnaissance de l'importance de la place des femmes dans la société,**
- **prise de distance par rapport au besoin de paraître et d'avoir,**

- intérêt pour le développement personnel,
- implication sociétale,
- ouverture culturelle.

La concomitance de ces six dimensions constitue à la fois la spécificité et la force du courant des créatifs culturels.

Les créatifs culturels et les alter créatifs sont les deux courants les plus en adéquation entre leurs vision de la vie, leurs valeurs et leur vécu quotidien.

Le changement des modèles sociétaux vers plus d'unité, de respect de l'humain et plus largement de considération de la Nature, pourra entre autre passer par l'émergence, la diffusion et la contribution d'une nouvelle conscience individuelle et collective ; une nouvelle conscience planétaire.

Nous soulignerons ainsi que deux dimensions se révèlent être plus spécifiques aux créatifs culturels :

- l'enjeu sociétal,
- le développement personnel et plus largement la dimension psychospirituelle.

Véronique Bourfe-Rivière

Portraits de Culbutos...

Introduction de la « Cueilleuse de paroles »

Ils sont à l'image des composantes de la biodiversité qu'ils ont le souci de préserver : à la fois uniques et pourtant semblables, à la fois communs et pourtant hors normes. De fortes personnalités qui ne rentrent pas dans les cases, parce qu'ils ont résolu de ne ressembler à personne, sinon à eux-mêmes. Voilà en fait à quoi ils marchent : ils cherchent simplement à faire ce qui est en accord avec leur conviction profonde. Le reste n'a pas d'importance. C'est une sorte de quête d'absolu qui pourrait s'apparenter à du développement personnel, du développement spirituel, voire les deux.

Ils sont dans le mouvement de la vie. Ils ont compris que rien ne sert de s'accrocher à ses murs, ses objets, ses habitudes, tout change tout le temps. Ils ont accepté de se laisser porter par le cours des événements, et font confiance à ce que l'avenir leur réserve. Ils n'ont pas peur. Comme Indiana Jones, ils savent que le chemin s'ouvre sous leurs pas.

Ils dégagent une grande force. Chacun d'eux respire la sérénité et la passion, la tolérance et la conviction. Chacun est profondément ancré, et en même temps extrêmement adaptable, un peu comme ces petits personnages lestés qu'on appelle *culbutos* : ils bougent dans tous les sens, à la moindre pression, et pourtant il y a cette force étonnante qui les maintient au sol, et leur confère une totale stabilité.

Ils se sont souvent affranchis du matériel, ou sont en train de le faire. En se dépouillant de ce qu'ils possédaient, en se libérant des conventions, c'est comme s'ils lâchaient leurs peurs, et se concentraient petit à petit sur l'essentiel. D'une certaine façon, consciemment ou pas, ils appliquent le principe bouddhiste de l'ici et maintenant : ils vivent avant tout l'instant présent. Et s'ils se projettent dans l'avenir, c'est surtout pour réfléchir à la portée de leurs actes.

Les créatifs culturels voient haut et loin. Ils ont un sens aigu de la responsabilité. Citoyens, co-responsables du monde, ils entendent jouer pleinement leur rôle d'humain. Ils ont conscience, à chaque instant, du fameux « effet papillon », et savent donc que chacun de leurs actes influe sur le reste de la planète.

Ils ne cherchent pas à briller, à être reconnus. La seule réussite qu'ils visent, c'est celle de la collectivité. Ils ont « l'esprit d'équipe » !

Ils ne sont pas prosélytes. Certes, ils aiment faire profiter les autres de leurs connaissances, mettre à disposition de tous ce qui pourrait leur servir. Mais chez eux, pas de harangue, plus trop de colères : ils sont passés à l'action, résolument. Ils savent que leur exemple vaut bien mieux que de longs discours, ils ouvrent la route, ils « font leur part », en quelque sorte, comme le colibri d'une de ces histoires circulant sur le net qui met un point d'honneur à aller prendre de l'eau dans son bec pour tenter d'éteindre l'incendie de la forêt...

Les créatifs culturels ne rendent de comptes qu'à eux-mêmes.

Ils sont les preux chevaliers, les « guerriers de lumière » du IIIe millénaire. Profondément convaincus de l'urgence et du bien-fondé de leur action, ils creusent leur sillon sans dévier, ils avancent sans se décourager, ils n'écoutent pas les persifleurs au bord du chemin.

Ils nous parlent au cœur, directement, à cette part de nous-même parfois endormie mais qui ne demande qu'à vibrer à nouveau. Et ainsi ils sont capables de grandes choses ! Car il suffit de les écouter pour sentir en nous grandir une flamme, l'envie de croire encore à un monde de tolérance, de justice et de respect, où l'homme saurait enfin vivre en harmonie avec la nature.

Pour peu qu'on leur donne la parole, les créatifs culturels pourraient bien lever derrière eux toute une armée de nouveaux guerriers, pacifiques mais déterminés !

Et alors... Alors, tout pourrait être possible ?!

Muriel, femme de confiance

Elle est complètement dans le présent, Muriel. Elle ne fait « *pas de plans. Je ne sais pas ce que je ferai dans cinq ans. On m'aurait dit l'an dernier que j'allais mettre en route un deuxième enfant, à 42 ans, je ne l'aurais pas cru* ». Et pourtant ! En février 2007, elle donnera naissance à un deuxième bébé, un petit enfant qui est venu sans qu'elle l'attende, et qu'elle élèvera seule, comme elle l'a fait pour sa fille aînée, âgée de 10 ans aujourd'hui. « *J'ai confiance en la vie. Je n'ai pas peur. Je pense même que la confiance attire la confiance* ».

Comme beaucoup de créatifs culturels, Muriel est en rupture par rapport à ce qu'elle aurait pu être, de façon conventionnelle, dans sa vie. Docteur en informatique et automatique, elle aurait en effet pu faire carrière dans la société d'aéronautique où elle travaillait à ses débuts. Ou bien encore, elle aurait pu continuer à être prof de maths dans un collège, ainsi qu'elle l'a fait pendant deux mois. Mais ç'aurait été sans compter sur son besoin de liberté. « *Une journée de travail de 8h à 16h, ça ne me correspond vraiment pas. J'ai démissionné du collège, car il me semblait que ce que je faisais ne servait à rien. En fait, j'ai plus de liberté en ayant plusieurs petits boulots* ».

Elle est aujourd'hui correspondante de presse pour différents journaux de sa région, la Normandie. Elle travaille aussi à temps partiel dans une association de finance solidaire. « *Ça me plaît, ça a du sens, ça me nourrit. Je rencontre beaucoup de gens différents, je découvre des initiatives sympas, et je contribue à les faire connaître, se développer... Je me sens vraiment utile dans ce que je fais !* »

Bien sûr, c'est un peu précaire économiquement, d'autant qu'il n'y a pas d'autre salaire qui entre dans son foyer. « *Mais cela me permet de gagner assez d'argent pour vivre comme je veux. J'ai pleinement conscience que la vie est imprévisible. Alors j'assure, en ayant toujours quelques économies devant moi. Je n'aime pas me sentir coincée, donc je suis vigilante, j'anticipe. Je ne dépense pas mon argent n'importe comment* ».

Muriel fait des choix de consommation forts. Elle vit à la campagne, car elle a besoin d'être à proximité de la nature. Elle fréquente les magasins bio quand elle le peut. « *Mais ça ne serait pas écologique de faire des kilomètres pour acheter bio* ». Sinon, elle choisit ses légumes au marché, ou dans le jardin de son père. « *J'évite le gaspillage de façon générale. Je me chauffe au bois, je fais mon compost, autant de gestes tout à fait naturels qui me correspondent bien. Paradoxalement, à la campagne, les gens ont un sentiment de progrès en se libérant des habitudes ancestrales.. Moi j'aime vivre comme ça. Je ne suis pas militante, je participe à plusieurs associations qui sont proches de l'action, du terrain, pas celles qui se complaisent dans la théorie. J'aime vivre en étant proche de la nature !* ».

Muriel appartient aussi à un système d'échange local (SEL). « *On est une cinquantaine de personnes. Ça a vraiment très bien marché pendant cinq ans. Grâce à ça, par exemple, j'ai pu faire des travaux dans ma maison, l'isoler en chanvre, alors que je ne trouvais pas d'artisans qui sachent le faire. Quand on arrive dans une région où on n'a pas de réseau, pas forcément d'atomes crochus avec les gens qui nous entourent, un SEL, c'est bien ! En trouvant de la main-d'œuvre pour faire avec moi ce que je voulais dans ma maison, j'ai aussi trouvé des copains !* »

Cette notion d'entraide est importante pour elle. « *J'aime rendre les choses possibles indépendamment de l'argent. Le SEL, ça n'est pas quelque chose pour remettre les gens dans la société, pour venir en aide aux personnes qui n'ont pas de moyens. C'est un système qui permet de retrouver des liens entre personnes, indépendamment de l'aspect financier. Pour des gens qui ne sont pas prêts à faire des choses, ça ne servira à rien !* »

Muriel essaye de se concentrer sur ce qui lui semble essentiel. « *On peut très bien vivre sans télé. Les nouvelles importantes, on finit toujours par les apprendre, si on côtoie des gens* ».

Elle a une gestion très réfléchie de l'argent. « *Ça ne veut pas dire qu'on ne fait rien ! On est parties sept semaines en Thaïlande avec ma fille l'hiver dernier. Et finalement, ça ne nous a pas coûté très cher. Il s'agissait de découvrir le pays, les gens, pas de s'installer dans de grands hôtels...* ». Voyager, rencontrer d'autres cultures, cela lui permet « *de relativiser les choses. De découvrir que ce qui est important pour certaines personnes ne l'est pas forcément pour d'autres. Il suffit de voir notre rapport à la misère, à la saleté... C'est très différent d'un pays à l'autre. Dans certains endroits du monde, un dollar par jour ça n'est pas suffisant, mais dans d'autres, si ! Cette notion de relativité est fondamentale pour moi...* »

Elle préfère « *faire des choses plutôt qu'avoir des sous pour acheter je ne sais quoi* ». Sa fille de dix ans « *aimerait qu'on ait une voiture plus belle. Je lui ai expliqué que ça supposerait que je travaille plus, pour gagner plus d'argent. Et moi, je préfère avoir du temps avec elle !!* ». Et aussi pour elle-même. « *J'aime beaucoup bricoler, faire de la couture, lire. J'ai vraiment besoin de ça. Ça m'apporte une satisfaction réelle. Et si je ne le fais pas, j'ai l'impression d'être coincée, ça me manque* »

Mère célibataire, Muriel n'est cependant pas une militante de la cause des femmes. Pour elle « *chacun a besoin de se faire sa place, qu'on soit un homme ou une femme ».* Lorsqu'elle était ingénieur et cherchait du travail, c'était un jeu que de ne pas laisser deviner qu'elle était une femme dans ses courriers. Comme son prénom est androgyne, ça l'amusait de recevoir des réponses commençant par « monsieur », comme si un aspirant ingénieur ne pouvait être qu'un homme ! *« Je ne suis pas sûre que ça soit un handicap d'être une femme comme le pensent certains. Moi je n'ai jamais vu de barrières réelles en tout cas... »*

Elle mène son petit bonhomme de chemin, comme bon lui semble. Muriel a une vie spirituelle dont elle parle peu à son entourage. *« Ça n'est pas forcément visible, mais c'est une philosophie de vie. Je me sens proche du bouddhisme. J'ai découvert un mouvement qui me correspond, le dharma network. Il ne s'agit pour moi absolument pas d'une pratique quotidienne. Mais j'ai déjà participé à quelques retraites, qui ont lieu dans la nature, les enfants sont intégrés. Ce sont de vrais moments d'ouverture, de partage. Je trouve toujours bizarre qu'il puisse y avoir pour certains une séparation entre écologie et spiritualité. Les choses me semblent à moi tellement liées... ! »* Cela lui permet de *« regarder la vie d'une façon beaucoup plus positive, sans attendre quelque chose de l'extérieur ».*

On la sent sereine. Pas de peur, d'angoisse du lendemain, pas de pression. Elle a confiance...

Diane, perpétuelle étudiante...

Diane a 58 ans. Paisible, ancrée, elle s'exprime d'une voix grave et posée. À son discours clair et bien structuré, on sent qu'elle a l'habitude de prendre la parole en public. Auteur de divers ouvrages, coach, elle anime désormais des conférences pour inciter les seniors « *à être* », et à faire profiter la société de leur sagesse, afin de la faire évoluer vers le troisième millénaire.

Diane parle avec profondeur de sa vie, et du sens qu'elle a pris désormais.

Difficile de croire qu'elle se soit tant cherchée ! « *J'ai vécu cinq décennies très inconfortables* » explique-t-elle, « *je cherchais à me conformer à ce qui se faisait, je faisais le maximum pour y arriver. Pendant longtemps, je qualifiais mon parcours d'errance, il me semblait chaotique. J'ai eu une vraie difficulté d'orientation, j'avais envie de tant de directions...* » Aujourd'hui, elle est parvenue à l'unité, à la cohérence.

Diane analyse quatre grandes périodes dans sa vie. Après des études brillantes (hypokhâgne et khâgne, European business school, Institut d'études supérieures des arts, Morphopsychologie), elle est d'abord chargée d'études dans un cabinet de conseil. « *J'y ai acquis une méthodologie de travail, j'ai pris conscience de la richesse des gens, que toutes les réponses étaient en eux. Ce fut aussi ma rencontre avec le recul nécessaire pour déterminer les évolutions de société* ».

Pendant huit ans, au milieu des années 1980, la voici travaillant dans la conception-coordination d'expositions. « *J'y ai fait trois rencontres marquantes. J'ai travaillé sur le thème de la Terre à l'univers, et à ce moment de ma vie, je me suis sentie pour la première fois inscrite dans ce cadre universel. J'ai pris conscience des signaux rouges qu'envoyait la terre, ce fut une vraie claque.* »

Elle a ensuite vécu dix années de précarité. « *J'ai voulu être free-lance, pour développer mes propres expos, mais j'étais très inconsciente. Je crois aujourd'hui que ce fut un choix supérieur de mon être, pour m'amener à vivre tout ce que j'ai traversé* »...

Pour gagner sa vie, Diane a ainsi écrit des livres de commande. « *Et j'ai pris contact avec mon imaginaire, j'ai compris que j'adorais raconter des histoires* ». Elle a aussi pris conscience qu'elle était toujours à l'affût des évolutions de société. « *Ce qui est à venir m'intéresse profondément, c'est une dimension forte de ma personnalité* ».

En 2000, suite à l'écriture d'un ouvrage sur le design, on lui propose d'être chargée de cours dans une école d'art graphique, et d'architecture d'intérieur. « *J'accompagne les étudiants dans l'émergence de leur projet autonome. Je les conduis à se recentrer sur eux* ». Et c'est à ce moment qu'elle se demande à nouveau : « *Mais quel est ton projet personnel, à toi ?!* ».

Elle avait, en parallèle, participé à de multiples stages de développement personnel. « *C'est vraiment une trame qui s'est superposée au reste* », sans jamais trouver de réponse à cette question... Et un matin, elle s'est réveillée, à 55 ans, en se disant « *que finalement, j'étais une senior. Alors que j'étais presque à l'âge de la retraite, j'avais la sensation de m'être seulement préparée à quelque chose, d'avoir incubé, et pas encore commencé à vivre...* »

C'est ainsi qu'elle s'est intéressée aux seniors. « *J'ai mené ma propre étude qualitative, dans la perspective de mettre en place des ateliers de coaching pour permettre aux seniors de revenir à eux-mêmes, à leurs aspirations, talents et rêves. Ce fut un matériau si riche que j'en ai tiré un livre.* »

Aujourd'hui, Diane a l'impression d'avoir enfin « *mis en cohérence tout ce que j'étais. J'entre enfin dans une autre dimension de moi. Je m'engage vraiment dans la société, par les conférences que je donne. J'ai le sentiment d'une vraie responsabilité, centrée sur la conscience, et sur le sens* »

Pendant toutes ces années où elle se construisait, c'est son désir de connaissance qui l'a portée. « *Mais pendant cinquante ans, c'est resté purement intellectuel. Alors que depuis trois ans, mon approche est fondamentalement différente. C'est celle du ressenti.* »

Diane se donne désormais du temps, chaque jour, pour faire « *trois quarts d'heure de respiration cellulaire, cela m'a reconnectée avec la pulsation de vie universelle* ». Et puis vingt minutes d'étirements. Chaque jour aussi, elle fait une marche rapide d'une vingtaine de minutes. « *C'est essentiel pour moi. Je me sens de plus en plus attirée par la terre concrète. Quand je me promène, je sens que toutes mes cellules sont contentes, et la Terre a vraiment commencé à exister pour moi. Je ne peux plus cueillir de fleurs, j'ai envie de les voir vivre ! Je me ressens totalement universelle* ».

Elle a l'impression d'être en même temps entrée enfin dans son aspect féminin. « *La puissance de connexion cosmique des femmes, ce sentiment de se sentir illimitée et inspirée... C'est vraiment une autre nature que celle des hommes qui sont orientés sur l'action mais sans reliance ! Je pense que la femme a à réconcilier l'homme avec lui-même. L'homme, ça n'est pas celui qui prend un congé parental, c'est celui qui donne une vision, une direction, un sens. Et la femme a une profonde puissance de création à exprimer, sur la base de la vision qui lui est donnée par l'homme. Dans la société actuelle, les femmes commencent à avoir une nouvelle conscience d'elles-mêmes, c'est pour ça qu'elles sont si nombreuses dans les stages de développement personnel, alors que les hommes restent encore les grands absents !* »

Diane se sent multiple, *« c'est comme si je portais en moi tous les peuples de la terre. J'ai très peu voyagé, mais j'aspire à le faire. Lorsque je vais au marché de Nanterre, deux fois par semaine, toutes les couleurs de peau sont là, il y a une énergie incroyable... »*

En matière de consommation, elle fait elle aussi des choix marqués. *« Je vais au marché, et quand je le peux dans un magasin bio. J'ai délaissé les marques que j'aimais tant avant. Dans ma vie quotidienne, j'utilise un maximum de produits naturels. Pour mon cadre de vie, qui est aussi très important, je privilégie l'espace, la lumière et les plantes. J'aime tout ce qui est beau, et me tourne vers des choses porteuses de sens, souvent issues de l'artisanat d'art. Je me sens plus éloignée du design, car il se situe dans un système marchand qui ne me convient plus, mais il pose la question de l'importance du cadre de vie. »* Elle explique qu'à une époque, elle a vécu une grande *« galère financière. J'étais démunie à tous les niveaux. Ma révolution par rapport à la consommation a été forcée. Mais finalement, c'est une vraie libération ».*

C'est selon elle la même évolution qui se prépare au niveau de la société tout entière. « *Au XXe siècle, surtout dans la deuxième moitié, l'humain s'est rétréci à deux fantômes, le consommateur, et la personnalité. Ce fut le paroxysme de l'avoir, et du faire. Je sens fortement que le troisième millénaire sera celui du passage à l'être. Ça n'est pas encore struc-*

turé comme tel, ni relayé par les médias, mais pour moi, c'est une évidence... »

Diane estime que ce sont les seniors qui détiennent la clef du futur. *« Leur responsabilité dans le gaspillage planétaire est énorme. Ils en ont une nouvelle à prendre, à tous les niveaux ; en transmettant maturité et sagesse. Si je n'ai jamais eu de désir d'enfant, ma forme de création est d'aider les êtres à devenir autonomes, afin qu'ils trouvent en eux leurs ressources. Depuis un an, je me sens extrêmement interpellée par ce que je choisis d'apporter à la société civile, mon mode d'engagement... J'ai une vraie envie d'apporter quelque chose.*

Finalement, je mesure que c'est en me reconnectant à ma propre trame personnelle, que je me suis reconnectée à la trame de la société... »

Aujourd'hui, elle reste vigilante. *« On s'échappe tout le temps de soi ! Alors je suis de plus en plus attentive à être présente à moi-même... »*

Bruno, à la recherche de l'unité

Bruno a une vision du monde très particulière : il l'observe, le vit à travers le prisme de l'aïkido, ou plus exactement l'interprétation très novatrice qu'il en fait. Car selon lui, l'aïkido ne devrait pas être réduit au sport de combat que l'on connaît en Occident : il est une conception du monde, une philosophie, une recherche sur le sens de la vie de chaque individu dans la communauté. Et cela nourrit Bruno à chaque instant de sa vie.

Après un brevet d'éducateur sportif, et une licence de philosophie, il a synthétisé ces deux voies en devenant professeur d'aïkido dans le Nord – Pas-de-Calais. La discipline qu'il enseigne prend toute la place dans sa vie, elle s'est insinuée dans chacun des recoins de sa personne, elle est devenue un filtre au travers duquel il perçoit aussi bien tout ce qui l'entoure que ce qui l'anime. Rien ne le prédestinait pourtant à cela. « *Mes parents nous ont laissés libres, mes sœurs et moi, ils ne nous ont jamais forcés dans aucune direction, ils nous ont permis de tester beaucoup de choses, de prendre des initiatives... L'une de mes sœurs a fait les Beaux-Arts et vit aujourd'hui de ses créations, l'autre est une sportive de très haut niveau... Et moi, j'enseigne l'aïkido.* »

C'est au hasard d'un livre reçu en cadeau, que Bruno a eu envie d'apprendre cet art. Il avait 17 ans. « *J'ai tout fait très rapidement* ». Ce qui lui a plu, au-delà de la pratique, c'était l'aspect philosophique qu'il en a perçu. « *C'est une dimension tellement haute, tellement ambitieuse ! On recherche l'état où il n'y a pas d'opposition, l'unité de l'individu entre sa parole, ses actes, et sa pensée.* » Un vrai projet de société, en fait. Le fondateur de l'Aïkido était aussi par exemple *« un des premiers à parler d'écologie, au milieu du siècle dernier ! »*

Car ces principes de vie, Bruno les puise directement dans les textes du fondateur de la discipline, Ueshiba Morihei... Des textes qui remontaient aux années 1940, date de la fondation de la discipline, et n'avaient jamais été traduits dans aucune langue. Notre jeune professeur vient de le faire, avec deux amis. Ils ont fondé leur propre maison d'édition pour « *publier et diffuser des traductions françaises d'ouvrages originaux écrits en langue japonaise* », et contribuer ainsi à faire connaître *« la richesse de la culture japonaise dans la multiplicité de ses aspects, tant traditionnelle que moderne, sociale, spirituelle ou philosophique* ».

Il mène aussi un travail tout à fait inédit avec des élèves danseurs du conservatoire de Lille, « *on met en place une danse basée sur l'idée d'une âme commune* ». Bruno sent très profondément là où est son chemin, et il le suit, quoi qu'il advienne. En cela, il applique ce qu'il enseigne : mettre ses actes et ses paroles en adéquation parfaite avec sa pensée

Il est tellement pétri des principes qu'il pratique qu'il a du mal à dire *je*, il dit *nous*, puisque pour lui, l'individu est relié au tout. Ce qu'il vit, en effet, c'est le projet de Ueshiba Morihei « *de relier l'individu à un tout organisé, chaque individu étant responsable de lui-même autant que de l'organisation de l'ensemble. Il y a une idée de mission et de responsabilité très forte. Si le tout fonctionne mal, chaque individu en est responsable absolument. Chacun doit être celui qui emmène ses semblables vers l'unité...* » Son rôle à lui s'accomplit ainsi pleinement dans l'enseignement de la pratique !

Ce qui le porte, c'est « *une dimension très spirituelle de la vie* ». Contrairement à ce qui pourrait ressortir de son discours, sa vision n'est pas dogmatique, et au contraire très personnelle. *« Je suis complètement en marge avec le monde de l'aïkido. On peut même parler de rupture, je viens de quitter un professeur que je suivais depuis quinze ans... Mais ce qui prévaut pour moi, c'est d'être en adéquation avec moi-même ».*

Il y a une forme de rigueur, d'aspiration hautement idéaliste chez ce jeune homme. « *Moi je lis dans cette pensée une dimension vraiment éthique. L'aïkido est communément associé aux arts martiaux, dont l'objectif est de détruire l'autre. Pour moi, c'est tout à fait l'opposé, il nous propose l'étude de la relation qui s'instaure entre un individu et le groupe auquel il appartient, pour dépasser l'idée de conflit. Il s'agit de ne pas rentrer dans les jeux d'opposition, de volonté, de pouvoir, envisager l'autre comme soi-même. Cela signifie faire confiance, dans chacun des actes quotidiens, par exemple ne pas cacher le clavier quand on fait son code de carte bancaire, ne pas considérer d'emblée que la personne en face de nous est un agresseur potentiel. C'est aussi ne pas médire : la parole doit être créatrice, elle doit servir à dire la vérité, à ne pas se cacher à l'autre.* »

C'est quoi, pour lui, le sens de la vie de chacun ? « *Qu'il devienne complètement un individu, une personne qui pense vraiment, ne soit pas en contradiction avec elle-même. Le but de chacun, ce sont les circonstances, et ses qualités naturelles, qui vont le définir selon une certaine perspective* ». Bruno vise « *à dépasser l'apparence, pour toucher le fond de l'être...* ». Et le fond de l'être, c'est « *la même chose que le principe supérieur auquel je crois, qui organise toutes les choses naturelles. Pour moi, la relation à l'autre s'étudie dans une recherche intérieure* ».

Voilà ce que Bruno tente d'enseigner chaque jour. « *En donnant les cours, je forme les gens, dans tous les milieux, je les aide à faire ce travail, afin que cela retentisse à tous les niveaux de leur vie* ». Évidemment, la plupart des gens qui viennent à l'aïkido ne viennent pas pour les bonnes raisons, puisqu'ils pensent apprendre à se défendre, « *il s'agit donc pour moi de les faire passer à l'opposé. Mais les élèves abandonnent souvent à différents stades. Au début, ils apprennent la technique, mais ensuite ils doivent continuer dans la vie ordinaire, et c'est là où c'est le plus difficile, c'est à une dimension si ambitieuse qu'on les ouvre !* »

Cela a évidemment des incidences fortes dans la vie de ce père de famille de 36 ans. « *Dès lors qu'on décide de ne jamais être en contradiction avec soi-même, ni en acte, ni en paroles, ni en pensées, cela a des implications fondamentales à chaque instant de notre vie !* »

Ainsi, en termes de consommation, Bruno explique que « *le commerce équitable est présent naturellement, ce n'est même plus une question qui se pose. Je pratique et enseigne le setai, qui est considéré au Japon comme une médecine alternative, nous mangeons bio, je suis végétarien... En même temps, il est important de ne pas rejeter le monde dans lequel je vis, ne pas nier la réalité qui existe. Alors je ne rejette pas totalement la médecine allopathique, pas plus que les fast-food... Je crois que l'on crée son monde, par rapport à ce que l'on fait. Et que le plus important pour être en bonne santé, ce n'est pas tant ce que l'on fait entrer en nous, que ce que l'on en fait sortir, et donc c'est moins ce que l'on avale que ce que l'on fait ou dit !* »

Cedricia, fondamentalement différente

Cedricia refuse les étiquettes, et regrette cette tendance « *bien française* » à vouloir absolument cataloguer quelqu'un, le résumer à sa profession. « *En Suisse, où je vis, tout est permis, l'approche de l'être humain est plus holistique* ». Et ça lui plaît mieux. Car Cedricia, comme beaucoup de créatifs culturels, est attirée par tellement de choses !

Elle a fait de la musique son métier, et est enseignant-chercheur à la Sorbonne. « *Je suis dans les sciences humaines appliquées à la musique* ». Elle prend ainsi du recul, puisqu'elle travaille sur la façon dont la musique est enseignée dans le monde. « *Je suis sur le terrain, tout le temps, et je retrousse mes manches ! Je rencontre des gens, je vois comment ils font, et ce qui se passe en classe... Ça me permet d'être très précise dans mon travail, de m'appuyer sur du concret* ».

Son moteur, c'est « *la passion, la relation humaine. Ce sont les rencontres qui m'ont fait faire mes choix.* »

Cedricia a 31 ans. Elle a reçu une éducation très atypique. Ses parents avaient monté leur petite coopérative bio dans leur banlieue de Créteil, et la petite Cedricia a souvent accompagné son père à Rungis pour acheter les légumes bio qu'ils allaient livrer ensuite aux adhérents de leur immeuble. La traçabilité, l'engagement, le don de sa personne, elle connaît ! La marginalité aussi, elle a l'habitude. Végétalienne de naissance, elle se souvient que toute petite déjà elle avait tenu tête presque une après-midi entière à la dame de la cantine qui voulait lui faire manger du hachis Parmentier. C'était sans compter sur la volonté de ce petit bout de femme, qui savait profondément que manger de la viande, pour elle, il n'en était pas question !

« *J'ai toujours été en complet décalage avec mon école. Et d'ailleurs, mon sujet de thèse, c'était sur les manières de faire différentes qui fonctionnent* ». C'est important pour elle de permettre à chacun de s'affirmer dans sa singularité !

Elle est en questionnement permanent. « *Je me sens très impliquée dans le monde où je vis, j'appartiens à plusieurs groupes de réflexion, ou d'action.* » Cela lui permet de se sentir actrice, pleinement, de sa vie. Et de mesurer qu'elle n'est « *pas seule à chercher* » !

Elle vit actuellement à Genève, où son compagnon a été muté. « *J'appartiens à une coop bio. On s'occupe des commandes à tour de rôle* ». Elle est aussi impliquée dans un Système d'échanges locaux. « *J'ai notamment pu tester des échanges de pied-à-terre* ».

Les questions d'environnement sont capitales pour elle, « *je me sens très préoccupée par l'état de la planète, et j'essaye de voir ce que je peux faire* ». Cedricia cherche une cohérence dans chacun de ses actes. « *Je me suis mise en question dans ma façon de manger, de me soigner... Avec mon compagnon, nous réfléchissons à trouver un habitat qui soit écologique, pourquoi pas un éco-village ? C'est en pleine réflexion...* ».

Pourtant, ses parents avaient déjà fait une partie du chemin. « *Ma grand-mère était condamnée par la médecine classique. Elle a vécu dix ans de plus par une prise en charge médicale alternative avec homéopathie, ostéopathie, oligo-éléments. Et bien sûr, une alimentation différente* ».

Cedricia a toujours vécu auprès de personnes « *malades ou en fin de vie* ». Sa grand-mère, un ami, hier sa mère, aujourd'hui son papa. « *C'est une valeur importante pour moi de m'occuper de mes proches qui sont malades, cela conditionne vraiment mes décisions* ». Et cela l'a amenée à se poser beaucoup de questions sur le sens de sa vie. « *J'ai vécu une période vraiment difficile. Je me demandais ce qu'il y avait après la mort, ce que c'était que le sens de ma vie, si j'étais en accord avec ce que je sentais... J'ai eu besoin de me mettre en retrait. Finalement, cela m'a ouvert à autre chose. J'ai fait différentes formations de développement personnel, j'ai notamment participé à des stages de méditation Vipassana. Aujourd'hui j'essaye d'être en conscience au moment où je suis, là où je suis. Je développe des instants comme ça, où je ne suis pas en position du Lotus, mais pourtant je suis en pleine conscience de ce que je vis, à de nombreux moments de la journée :*

quand je danse, quand je chante, quand je fais de la musique, dans tous ces moments essentiels pour mon équilibre, mais aussi dans de plus petits actes du quotidien ».

Parmi ses autres passions, il y a le monde. Cedricia a toujours beaucoup voyagé, d'abord pour la maîtrise de Radio-France où elle chantait, puis pour son travail. Car bien qu'elle se sente « *très différente* », elle est aussi « *très tolérante, curieuse des autres* ». Son pays de prédilection, c'est la Chine. « *Enfant, ma mère m'a demandé d'accompagner ma sœur à ses cours de chinois... Et c'est moi qui ai continué cet apprentissage* ». Elle y est allée en 2000. « *Un vrai choc. Je me sens vraiment chez moi là-bas, sans pouvoir l'expliquer de façon rationnelle. Il y a d'ailleurs un gros projet de ville écologique près de Shanghai, j'adorerais y vivre. Mais il faudrait que mon compagnon, chercheur lui aussi, y trouve un poste.* »

Cedricia essaye de se détacher du matériel, le voyage l'y aide en partie. « *Je n'ai pas grand-chose. J'ai tout lâché. J'ai vendu mes livres, mon téléphone portable.... Et paradoxalement je me sens très remplie ! Moins j'ai de biens matériels, plus je me sens proche des hommes, de moi. Désormais, je vis un jour à la fois, et en priorité, je vis les choses importantes pour moi. Je veux ainsi être proche des miens avant de m'occuper de la terre entière. Aux autres gens qui souffrent, je peux envoyer mes prières* ». Pas facile d'être près des siens quand on aime aussi être au bout du monde ! C'est une contradiction que Cedricia vit pleinement. Elle sait qu'elle est en chemin, que tout change en permanence, y compris elle. « *Je suis dans l'acceptation d'être ce que je suis, là où je suis, complètement* ».

Têtue comme Sandrine...

Sandrine vit en Ardèche, loin de sa famille restée en Haute-Normandie. Un exil forcé qu'elle a choisi, parce que c'est là qu'elle a pensé pouvoir créer son emploi, son réseau, et donner libre cours à sa passion.

Sandrine est née deux fois. Une première fois dans une famille modeste à Rouen. Une seconde fois lorsqu'elle a commencé un travail sur elle-même à l'âge de 18 ans, après des crises de spasmophilie. « *Ça a été comme une naissance. J'ai compris le sens de ma vie* ». Avec la PNL, elle a petit à petit appris à se connaître. Et peut porter désormais un regard assez distant sur ce qu'elle a vécu durant ses 31 premières années.

« *Même si je suis blanche de peau, je suis métis à l'intérieur* » confie-t-elle. Sa grand-mère paternelle a conçu son fils avec un soldat noir américain. Elle s'est ensuite mariée avec un Marocain, qui a reconnu l'enfant, père de Sandrine. *« Je me sens multiple, je me sens riche, et je n'ai pas envie d'être cataloguée. Je suis blanche, j'ai fait des études, mais je ne suis pas que ça. Je suis autre à l'intérieur. Et c'est cette richesse que je sens, qui m'a guidée pour me trouver ».*

Sandrine est la maman d'un petit garçon d'un an, un « *cadeau de la vie* » né d'une relation qui ne s'est pas poursuivie, un accouchement vécu « *en cœur et en conscience* », à domicile. « *En assumant cet enfant toute seule, je me suis sentie très liée à ma grand-mère. Mon histoire entrait en résonance avec celle de mon père, sans que je comprenne vraiment comment. Nous en avons parlé, et avons mis en lumière des choses très importantes pour lui comme pour moi, qu'il n'avait jamais dites. C'est comme si j'avais eu un grand vide avant, et que j'étais désormais comblée d'amour...* » Sandrine est très portée par l'idée de la place de la femme dans la société. « *L'expression citoyenne est difficile si on est une femme, une mère de famille, qui plus est célibataire. La plupart du temps, on trouve surtout des hommes dans les réunions de démocratie participative ! Cela demande donc un véritable effort. Mais je souhaite absolument être partie prenante dans le débat, même si cela m'occasionne des responsabilités par ailleurs. J'ai des choses à dire qui sont du concret, de la vie. Ce que j'apporte est en prise directe avec la réalité basique* ».

Sandrine est une « *guerrière de la lumière* » à la Paulo Coelho. Elle a rebondi plusieurs fois, se laissant guider par ses envies d'autres choses. Études supérieures de sciences sociales appliquées à la gestion à Lille, gestionnaire du personnel sur l'aéroport de Roissy, mastère en management des produits et loisirs culturels à Brest, chargée de mission marketing dans une société de transports urbains à Orléans, responsable marketing dans une société de transport interurbain à Troyes, elle se remet perpétuellement en question. « *J'ai fait le bilan de tout ce que j'avais acquis comme compétences, et j'ai eu envie de participer à la promotion du Bien-être. Car il me semble fondamental que chacun puisse accéder à une meilleure qualité de vie* ».

Ni une, ni deux, Sandrine cherche sur internet où elle pourrait développer son activité, et jette son dévolu sur l'Ardèche. « *J'ai créé une association, Ardèche Bien-Être, qui compte aujourd'hui plus de cinquante membres. Nous avons déterminé sept pôles d'activité : le développement personnel, la santé (les médecines complémentaires, soins alternatifs et pratiques énergétiques), l'éco-tourisme, l'artisanat, commerce & industrie, la culture et les médias, l'agriculture et l'environnement, et enfin l'éducation. Nous travaillons à mobiliser les acteurs concernés à l'échelle du territoire, à valoriser et promouvoir les activités de bien-être, nous voulons créer un centre de ressources pour les professionnels et le grand public, et évoluer vers une forme statutaire qui fait vraiment sens, la SCIC, société coopérative d'intérêt collectif.* »

Sandrine contribue aussi à la protection de l'environnement. « *Je l'intègre au maximum dans mon quotidien, je trie mes déchets, j'achète des produits de nettoyage respectueux de l'environnement, j'achète l'essentiel de mes aliments et produits d'hygiène dans une coopérative ou d'autres magasins bio* ». Sa situation financière est précaire, l'activité de l'association ne permettant pas encore de lui dégager une rémunération. « *Je me concentre sur l'essentiel. Je ne peux pas dire que je sois en manque de choses matérielles. Avant, je m'alimentais mal, aujourd'hui, je mange bien mieux ! La seule chose qui me fait défaut, c'est une voiture, parce que ça serait bien utile, pour me déplacer au quotidien dans cette région rurale et aussi pour aller voir ma famille régulièrement. J'ai ce que j'ai, et j'en suis reconnaissante. Je n'ai pas de regret sur mes choix, même des choses difficiles j'en tire des leçons. Si économiquement aujourd'hui, c'est difficile, c'est aussi un exercice pour apprendre à demander, et à recevoir. J'aurais pu faire des choses plus faciles sur un plan économique, mais ça n'est pas ça qui avait du sens pour moi. Aujourd'hui je suis complètement en accord avec mes valeurs, je dois juste encore régler cette question de l'abondance. Cela développe ma spiritualité...* »

Chaque étape de sa vie a été un apprentissage, Sandrine le mesure *a posteriori* ! « *Je suis même passée par le cap du RMI. Il a fallu que je sorte du schéma classique de culpabilisation sur les choix que j'avais faits. Il a bien fallu que je fasse des demandes, parce que socialement je ne pouvais pas m'en sortir seule... J'ai traversé ça ! Et maintenant, cela me permet de mettre plus de réalité dans les projets que je peux mener. Je suis dans cette vigilance-là : si je ne faisais que donner ce ne serait pas équitable...* »

Sandrine est une femme de conviction : « *J'ai une idée en tête, j'y crois, et j'ai décidé de la faire vivre...* » Quoi qu'il lui en coûte !

Olivier, passeur de bonheur...

Il aurait pu être un brillant ingénieur dans une grande multinationale. Forcément, quand on a fait l'École Centrale-Paris, une des trois plus grandes écoles d'ingénieurs françaises, ça ouvre des portes ! Il aurait aussi pu être rentier. « *Je disais à mes copains qu'à 35 ans, je ne ferais plus que toucher mes royalties...* » Mais il n'en est rien. Olivier a 39 ans, il est patron de PME, et il pose enfin les bases de sa vie, tranquillement. Comme si jusqu'à présent, ce qu'il avait fait, ça n'était que des galops d'essais.

« *En fait, moi, je ne voulais pas travailler !* », dit-il avec un grand sourire. Ce qu'il a toujours voulu faire, c'est monter des projets qui rassemblent. « *Déjà, quand j'avais 10 ans, au club Mickey de Noirmoutier, je préférais organiser le circuit de billes que de participer. À 16 ans, je mettais sur pied de grandes chasses au trésor pour ma famille...* » Alors arrivé à l'École Centrale, « *parce que c'était la voie royale et qu* »'il « *adorait les maths* », Olivier a aussi organisé le fameux gala de l'école, 5500 invités, s'il vous plaît ! En fait, il ne voulait surtout pas rentrer dans le fonctionnement classique et installé qui s'ouvrait à lui. Et lorsqu'il s'est agi de trouver un stage de fin d'études, il a réussi à se dégoter une place... au département sponsoring d'une grande marque automobile !

Poudre aux yeux que tout cela ? Pas du tout. Olivier, ce qui l'anime, il l'a compris aujourd'hui, c'est faire s'amuser les autres. Les aider à pousser la porte intérieure qui les ramène à leur joie primitive d'enfant, au bonheur simple d'être en vie, totalement présents aux autres et à eux-mêmes... Mais pour comprendre le sens qu'avait tout cela, il lui a fallu du temps...

Tombé par hasard sur une plaquette qui proposait une grande chasse aux trésors, alors qu'il terminait ses études, il a trouvé l'idée géniale, et décidé de s'y atteler. Dans la région lilloise où il avait suivi son amoureuse, il est allé frapper aux portes des mairies, pour leur proposer son idée. « *J'ai fait un tabac ! Il y a eu 800 personnes à Lille, toutes les télés, tout ça* ».

Il a décliné le concept dans plusieurs grandes villes françaises. « *J'ai créé ma société* ». Ça a marché quelque temps. « *Mais en fait, ça n'était pas rentable intrinsèquement, ce n'était pas du business, je faisais plutôt mon adolescence professionnelle, et le projet ne décollait pas...* »

Et c'est alors qu'il a eu une autre « *fulgurance* » comme il les appelle : « *J'étais dans le TGV Lille-Paris en train de rêvasser, je regardais des gens assis dans le carré, en face à face. Et j'ai deux idées qui sont venues simultanément : les gens adorent s'amuser avec des choses simples. Et ils aiment aussi s'affronter* ». Et c'est ainsi qu'est née l'idée d'un jeu d'ambiance qu'Olivier a créé. Il a levé un million de francs. En un an, il en a vendu cinquante mille exemplaires. Le n°1 mondial du jeu est venu lui proposer de lui acheter ses droits, il a dit oui...

Et il s'est retrouvé à la fin. La fin du gros coup qu'il avait monté, la fin d'une histoire d'amour... « *Je n'allais pas bien ! Je suis allé voir une thérapeute. Et là, tout a changé. Je me suis ouvert sur moi. J'ai pris conscience du grand décalage qu'il y avait entre le personnage que je m'étais construit, celui du jeune chef d'entreprise qui parle bien et a des idées géniales, et l'Olivier de l'intérieur qui n'avait pas confiance. Les projets que je montais, c'était surtout pour me prouver que je valais quelque chose, c'était une fuite. Je n'allais pas au bout des choses, j' étais perpétuellement insatisfait, aussi bien au plan professionnel qu'amoureux...* »

Grâce à son travail de développement personnel, il a décidé d'enfin être, au lieu de paraître. D'amener son projet jusqu'au bout. « *J'avais créé d'autres jeux. J'ai trouvé des investisseurs, qui m'ont fait confiance, ils ont accepté de mettre de l'argent dans la société, à laquelle j'ai cédé l'ensemble de mes créations. Symboliquement, c'est important. Aujourd'hui, tout s'est simplifié, j'ai un vrai projet d'entreprise, je suis patron de PME à 100%. Et j'existe aussi en dehors de mon travail. J'ai ma vie...* »

L'humain est au cœur de son projet. « *Nous vendons nos jeux, mais nous développons aussi une communauté de personnes, autour de l'idée de s'amuser ensemble. Nous transmettons des valeurs de partage, d'échange, d'authenticité* ». Le jeu est juste un moyen pour susciter la rencontre, au-delà des différences de tous ordres. En clair, *« on met des gens dans une même pièce, et le jeu permet de les détendre, des les souder, de les ouvrir, de leur faire passer un message... »* Olivier et son équipe organisent aussi des soirées grand public. Les gens viennent s'amuser gratuitement dans une ambiance très conviviale, avec d'autres personnes qu'ils ne connaissent pas. *« On leur donne un prétexte pour qu'ils se rencontrent, vraiment. Le jeu amène ça, une ouverture à l'autre. J'espère qu'ensuite, cette ouverture, qui permet de dépasser le saucissonnage que nous propose la société actuelle, les gens la gardent... »*

Finalement, ce qui anime Olivier, c'est de « *pousser les gens à être heureux. Montrer que le bonheur éperdu que nous propose la société de consommation est un leurre, et qu'on peut être heureux avec des petites choses simples* ». Depuis six mois, chaque soir ou presque, il note sept louanges de sa journée. « *Sept petites ou grandes choses qui m'ont rendu heureux, qui m'ont permis d'apprécier ma vie, ici et maintenant* ». Il assume une part de spiritualité qui monte en lui depuis quelque temps. *« Je crois que quoi qu'on fasse, on a tous notre place. Il faut juste tenir notre rôle, et bien. Être juste avec soi-même, comme avec les autres...* » Olivier croit vraiment « *à la prise en charge individuelle de chacun* ».

Au quotidien par exemple, il est très sensible à l'écologie. Pas un militant, « *je transmets à mes proches simplement en faisant attention à chacun de mes gestes. Pour moi, c'est individuellement qu'on fait bouger les choses* ». Il ne croit pas *« aux grandes dynamiques étatiques »*, mais *« à la politique des petits pas de chacun. Pour moi la vie, c'est ça, on ne fait que transmettre, que passer. Sur cette terre, on perpétue l'espèce, on apporte un petit bout de quelque chose, notre plus-value à nous... et c'est tout. Et les suivants , ils font avec ce qu'on leur a transmis, et ils ajoutent leur petite contribution... »*

Eric Seulliet[1]

Les créatifs culturels et le monde de l'entreprise

Récemment le journal *Libération*[2] publiait dans ses pages « Tentations - Mode de vie » un reportage intitulé « Home des bois » et dont le propos était résumé par son chapeau : *« Dans des cabanes sans eau ni électricité courantes, ils ont opté pour un retour radical à la nature. Au cœur des montagnes cévenoles, ces techno-écolos se soustraient à la société de consommation. »*

Avec une pointe d'ironie, cet article dressait le portrait pittoresque de personnages qui se sont volontairement mis en marge de la société. Johan est l'un de ceux-ci : *« Notre but est de ne pas dépendre d'un système. Coupé de la société ? 'De la société de consommation, oui, pas du reste.' Il continue de descendre à la ville, voir des amis, et d'aller... au supermarché acheter céréales ou café. À Noël, il commande sur catalogue les jouets des enfants. »*

Loin de ces clichés décrivant des « tentations » d'enfants de soixante-huitards ou de nouveaux « bobos », les créatifs culturels ont largement dépassé ces postures caricaturales. Même s'ils veulent réinventer le monde, ils ne sont pas pour autant dans l'utopie. Ils ne sont pas dans le rejet radical du monde actuel mais plutôt dans la proactivité afin de le transformer dans un sens positif.

1. Directeur d'e-Mergences (www.e-mergences.net) et Président de « La F@brique du Futur » (www.lafabriquedufutur.org).

2. Numéro du 27 octobre 2006.

À cet égard, les créatifs culturels savent que les entreprises ont une position centrale et déterminante. Que ce soit pour s'alimenter, se soigner, se former, se déplacer, se loger, se cultiver, se distraire, voyager, communiquer, travailler, il n'est pas un acte de nos vies qui ne dépende directement ou indirectement des entreprises. Elles constituent donc des leviers de changement majeurs. Et il se trouve que parallèlement, les entreprises sont fortement dépendantes de leurs parties prenantes et de l'écosystème que celles-ci constituent.

Dès lors, les créatifs culturels ont compris qu'un bon moyen de promouvoir les valeurs qui les animent et les comportements nouveaux qui en découlent est de peser sur les entreprises pour mieux les faire évoluer.

Évoquons les principaux rôles grâce auxquels les créatifs culturels peuvent avoir un impact certain sur les entreprises. Nous nous limiterons à trois d'entre eux : comme consommateurs, comme collaborateurs, comme partie prenante à la gouvernance des entreprises.

1. En tant que consommateurs

Le premier pouvoir que les individus ont à l'égard des entreprises est certainement celui qu'ils ont en tant que consommateurs. C'est à la fois le pouvoir le plus facile à mettre en œuvre et probablement aussi celui qui a les effets les plus immédiats dans la mesure où les décisions d'être – ou de ne pas être – clients affectent directement le chiffre d'affaires des entreprises. C'est également un pouvoir qu'ils peuvent maintenant exercer de façon beaucoup plus facile qu'avant grâce aux possibilités offertes par Internet, et singulièrement avec l'essor du web 2.0[1].

1. Ce terme désigne la deuxième génération d'Internet marquant une évolution du web d'un outil d'information vers un outil véritablement collaboratif et interactif permettant aux internautes de donner leur avis et d'échanger entre eux.

Les créatifs culturels mettant en accord leurs valeurs et leurs comportements, notamment d'achats, privilégient ainsi naturellement des produits leur correspondant : en particulier les produits bio et naturels, ceux issus du commerce équitable, les produits faisant « sens » au détriment des gadgets, les produits culturels, les produits éco-conçus, les produits et services « citoyens », etc.

Ce faisant, ils ont un impact qui dépasse de loin celui induit par leurs seules dépenses individuelles de consommation. Car les créatifs culturels, souvent considérés comme avant-gardistes de par leurs modes de vie, se trouvent érigés en leaders d'opinion, sensibilisant leurs contemporains à de nouveaux comportements. Les entreprises, toujours à l'affût des tendances émergentes ne peuvent donc être indifférentes au rôle de prescription des créatifs culturels et s'efforcent de prendre en considération leurs aspirations.

En premier lieu, cela touche directement au marketing qui se trouve profondément renouvelé. Les entreprises doivent dorénavant apprendre à toucher le consommateur « au cœur », en tant qu'être ayant son identité et sa singularité propre. Les créatifs culturels vont ainsi aider à faire évoluer le marketing traditionnel vers ce que nous appelons le marketing de la reliance. Il s'agit d'une nouvelle conception du marketing très éloignée même du marketing « one-to-one » devenu de plus en plus insuffisant et inopérant. Dans le marketing de la reliance, ce n'est plus la marque qui cherche à fidéliser le consommateur, c'est au contraire la marque qui devra être fidèle aux consommateurs. Car n'oublions pas que les créatifs culturels sont aussi des consommateurs particulièrement avertis. Vivant sans compromissions, notamment dans les domaines de la santé, de l'alimentation, de l'habitat et des loisirs, ils sont en situation privilégiée – même si c'est parfois à leur corps défendant ! – pour amener les pratiques marketing des entreprises à devenir moins mercantiles. Ils contribuent à faire prendre conscience aux marketeurs que leurs

« La F@brique du futur »
www.lafabriquedufutur.org

Les consommateurs - et tout particulièrement les créatifs culturels - se transforment en consom'acteurs : ils n'acceptent plus l'innovation gratuite et ne « faisant pas sens » pour eux. Ils refusent une technologie envahissante, oubliant l'humain. Le high tech, oui, mais en l'associant au high touch ! L'innovation doit donc être sociétale, éthique, citoyenne. Les valeurs changent, avec une prise de conscience croissante qu'il faut impérativement modifier nos comportements collectifs, dans un sens respectant mieux les autres et la planète, et inventer de nouveaux produits et solutions.
Tels furent les fondements de La F@brique du Futur, une jeune association créée à l'été 2006 et dont la vocation est de réconcilier innovation et développement durable (au sens large du terme : dans ses composantes sociétales, environnementales, citoyennes, éthiques...). Son positionnement unique s'impose avec évidence. La F@brique du Futur ne constitue pas un think tank de plus, mais plutôt un « think network » pour être au plus près du terrain : penser globalement tout en agissant localement ! L'autre idée clé est de considérer que le futur s'imagine d'abord, puis se crée ici et maintenant. L'avenir est l'affaire de chacun de nous et non l'apanage d'experts. Nous constituons ainsi un laboratoire *in vivo* et *in vitro* de détection d'usages émergents provenant de personnes avant-gardistes, au premier rang desquels figurent les créatifs culturels. En partant ainsi de la base, et en faisant remonter ces aspirations nouvelles vers les équipes de R&D et de conception dans les entreprises et organisations, nul doute qu'il en sortira des concepts davantage en adéquation avec les véritables besoins et désirs des consommateurs et citoyens, contribuant ainsi à faire advenir un monde meilleur.

clients ne peuvent se réduire à des cibles commerciales, mais sont avant tout des êtres humains.

Mais par un phénomène de réaction en chaîne, l'influence des créatifs culturels déclenche une spirale vertueuse dans bien d'autres domaines : les créatifs culturels stimulent une R&D et une innovation prenant mieux en compte l'humain et l'environnement pour concevoir les produits et services du futur ; ils encouragent l'écoconception et le développement de filières de production et de distribution équitables ; ils favorisent la défense des droits et de la sécurité des consommateurs ; ils promeuvent une communication et une publicité moins envahissantes et plus respectueuses des individus ; ils incitent à une implication responsable et citoyenne des entreprises, etc.

2. En tant que collaborateurs

Les créatifs culturels ont un rôle déterminant à jouer dans le monde économique lorsqu'ils en sont directement acteurs. C'est en particulier le cas des créatifs culturels salariés dans des entreprises.

Mais comment reconnaître un créatif culturel dans une entreprise ? Dans un article paru sur le site de l'Ujjef – Communication et Entreprise[1] –, Olivier Zara, spécialiste de l'intelligence collective mentionnait quelques exemples de comportements qui permettent d'identifier des créatifs culturels au quotidien :

- Donner une information à une personne parce qu'on pense que cette personne a besoin de cette information alors même qu'elle ne me l'a pas demandé.
- Consacrer une partie de son activité à aider les autres dans l'accomplissement de leur activité, alors même que cela ne concourt pas à l'atteinte de ses objectifs personnels. Le faire, parce que cela contribue à la performance collective. Le faire spontanément et non parce qu'on en a reçu l'ordre de son manager.
- Chercher des idées et les proposer spontanément pour améliorer les performances de mon organisation.
- Construire une relation gagnant/gagnant dans le cadre de mon activité. Avoir autant le souci de ses intérêts que de ceux des autres sans pour autant se laisser marcher sur les pieds.
- Capitaliser et partager l'information en utilisant les outils existants.

1. www.ujjef.com/index.php ?idRubrique=9&idCategorie=23&RepertoireInclude =&Action=LireArticle&idArticle=1287

Dans les entreprises, les créatifs culturels sont donc des ferments d'évolution positive dans la mesure où ils renouvellent les pratiques de management vers davantage de respect des hommes, où ils mettent naturellement en pratique des processus de coopération et d'intelligence collective, où ils favorisent des politiques d'équité et d'éthique. Les créatifs culturels sont très performants dans le management de l'intelligence collective. Ils peuvent donc apporter une grande valeur ajoutée dans la recherche et développement (R&D), le marketing, la stratégie, le management d'équipes fonctionnelles ou projets, et dans toute la conduite du changement en général. Ils sont souvent précurseurs dans l'utilisation des technologies de l'information et de la collaboration. Ils peuvent donc devenir facilitateurs de l'émergence de l'intelligence collective dans une organisation.

Les entreprises peuvent beaucoup apprendre des créatifs culturels, notamment sur leur environnement et sur les mutations du monde. Grâce à leur ouverture, ils ont une fonction de « révélateurs » de ce que sont les grands problèmes sociétaux, qu'ils soient globaux ou locaux, et de la manière qu'ont les consommateurs-citoyens de les appréhender. À l'heure où le développement durable devient pour les entreprises une véritable « tarte à la crème » et bien souvent un simple argument de communication, la lecture qu'en font les créatifs culturels peut notamment donner plus d'authenticité à leur démarche, en permettant d'ancrer celle-ci dans des valeurs au lieu de suivre une tendance générale du management actuel. Les créatifs culturels nous incitent à reconsidérer le management à l'aune de la notion de valeurs, en nous montrant qu'elles constituent le véritable ADN de la motivation.

3. En s'impliquant dans la gouvernance des entreprises

Les créatifs culturels peuvent aussi influer fortement sur le monde économique en étant eux-mêmes partie prenante à la gouvernance des entreprises. Ils peuvent le faire de plusieurs manières : en soutenant financièrement des entreprises correspondant à leurs valeurs, ou en franchissant le pas de l'entreprenariat en créant eux-mêmes leur propre entreprise.

De nombreuses possibilités s'offrent en effet aux créatifs culturels de soutenir économiquement des entreprises correspondant aux valeurs qu'ils ont à cœur de défendre. Ils peuvent le faire par le biais d'investissements directs et en choisissant alors d'avoir un rôle actif dans la gestion de l'entreprise. Quelles que soient les capacités financières des créatifs culturels, des solutions existent. Ils ont la possibilité de se transformer en mécène, en capital-risqueur, en business angel, ou alors d'investir par le biais de fonds d'investissement éthiques et socialement responsables (ISR), ou encore *via* des organismes financiers comme ceux pratiquant le microcrédit et d'autres formes d'épargne solidaire[1].

Bien évidemment, les créatifs culturels s'impliquent dans le monde économique en lançant eux-mêmes des entreprises correspondant aux engagements et aux valeurs qui sont les leurs.

À cet égard, ces dernières années, un vaste mouvement s'est dessiné en faveur de telles structures relevant de l'économie sociale et solidaire. Citons par exemple l'implantation récente en France de l'association Ashoka[2] qui a vocation à soutenir les entrepreneurs sociaux.

En écoutant et en observant les créatifs culturels, les entreprises peuvent apprendre beaucoup et se

1. Voir en annexe divers sites dans ce domaine.

2. www.ashoka.asso.fr

réinventer elles-mêmes. De quoi procurer une longueur d'avance à celles qui auront su, sans les dévoyer, comprendre leurs attentes spécifiques, que ce soit pour leur offre produit ou pour être en phase avec leurs collaborateurs, porteurs de ces valeurs. Gageons que l'influence et l'implication croissante des culturels créatifs dans le monde économique et dans les entreprises est le présage de changements qui peuvent s'avérer déterminants pour changer le monde.

Sélection bibliographique et netographique

L'entreprise verte : Le développement durable change l'entreprise pour changer le monde, Elisabeth Laville, Village Mondial, 2e édition, mars 2006

Le marketing durable, Elizabeth Pastore-Reiss, Éditions d'organisation, novembre 2006

Le non-consommateur : Comment le consommateur reprend le pouvoir, Rémi Sansaloni, Dunod, avril 2006

No logo : La tyrannie des marques, Naomi Klein, J'ai Lu, août 2004

Consommer éthique : un choix, Maurice Piraux, Luc Pire, mars 2006,

L'éthique individuelle, un nouveau défi pour l'entreprise, L'Harmattan, de Alain Ballot, Laurent Bibard, Christian Ganem, Marc Grassin, octobre 2005

Comment changer le monde : Les entrepreneurs sociaux et le pouvoir des idées nouvelles, de David Bornstein, Éditions La Découverte, octobre 2005

De la société de consommation à la société de participation, Thierry Maillet, M2 Éditions, novembre 2006

Série d'articles du *Monde* du 15 juillet 2004 :

- La distribution est désemparée face aux « alterconsommateurs »

- Les publicitaires cherchent comment redonner plus de sens aux marques
- Les autres façons de consommer ne compensent pas la baisse de la consommation plus classique

Dossier « Pourquoi les créatifs culturels vont influencer l'entreprise » in *Revue Business Digest* n° 134, octobre 2003

Article « Attention, voila les créatifs culturels » par Caroline Wirta in http ://management.journaldunet.com/0405/040538_creatif.shtml

• Sites consacrés à la consom'action, au commerce équitable

www.consodurable.org
www.commercequitable.org

• Sites consacrés à l'éthique dans les entreprises et à la responsabilité sociale et environnementale des entreprises

www.entreprise-citoyenne.com
www.novethic.fr
www.alliances-asso.org
www.rsenews.com

• Sites consacrés à l'économie sociale et solidaire

www.ashoka.asso.fr
www.crearif.org
www.tessolidaire.com

• Organismes d'épargne solidaire et de micro-crédit

www.cigales.asso.fr
www.finansol.org
www.lanef.com
www.adie.org
www.micro-credit.net

Yves MICHEL

Un enjeu de société et une dynamique sociale

Chaque individu membre d'une société est immergé dans une culture ; qu'il y soit né ou qu'il l'intègre à un certain âge, il en apprend les codes, les repères, il en reçoit constamment la répétition de signaux qui définissent un corpus commun de valeurs, de croyances, d'habitudes, de sens commun. C'est un paradigme. Cela est nécessaire pour la vie en société, cela facilite la vie, c'est rassurant, et cela donne une part d'identité à chacun, qu'il adhère à ces valeurs ou les rejette.

À notre époque, ce corpus est véhiculé par notre éducation, par les médias, la publicité, et tous les vecteurs de la culture. C'est donc une répétition forte et incessante, comme un essaim d'insectes, omniprésente : quels espaces nous reste-t-il pour nous abstraire de ces signaux ? Essayez en ville : des affiches bordent notre vue à droite, à gauche, et devant ; fermez les yeux : le message prend une forme sonore, vous suit dans le métro, dans le taxi, chez vous. Ces signaux passent par tous nos sens : les odeurs, les goûts sont caractéristiques, même l'absence de toucher est un code propre à notre socio-culture.

Et quel temps nous reste-t-il aussi, dans notre vie de plus en plus accélérée ?... Comment nos ancêtres lointains ou les civilisations « premières » percevaient-ils ces signaux ? De manière moins prégnante ? Je ne sais pas.

Le résultat de cette répétition incessante de signaux repères, même pratiques et confortables, si l'on y prend garde, est de « formater » les membres d'une société. Les variations de l'intensité du bruit d'essaim leur indique qu'ils s'éloignent du « bon chemin », et ils sont récompensés lorsqu'ils rentrent dans le moule. Certains chercheurs, comme Adam Crabtree[1], ont montré que ces phénomènes créent chez les individus une sorte de transe hypnotique : ils sont fascinés par certaines choses qui prennent une importance primordiale, et sont aveugles à d'autres, prisonniers de représentations qu'ils tiennent pour la seule réalité. Le choix entre les choses à voir et à ne pas voir, et les représentations communes, varient d'une société à une autre, d'une époque à une autre : c'est un sujet d'étonnement, voire d'amusement pour qui voyage dans diverses cultures. Ils se vivent tant au niveau individuel que collectif ; pensez aux « grandes messes » du sport, de la politique, de la Bourse... Voyez comme tout cela est bien ritualisé. On raconte cette histoire située au XVe siècle, où des grands voiliers approchèrent de certaines côtes pour la première fois ; les indigènes étaient incapables de « voir » ces grands bateaux, car inconcevables ! Ça prête à sourire, mais nous sommes exactement dans cette situation au sujet d'autres phénomènes !

Qui prend le temps et la vigilance d'évaluer ces croyances, ces signaux, de ne pas « être dupe » de ces conditionnements ? C'est un travail exigeant, qui demande prise de hauteur, vigilance, vérifications innombrables, renoncements ; et ingrat, en effet, celui qui souhaite s'écarter du paradigme ambiant, comme le chante Brassens, prend vite la « mauvaise réputation au village » ; ou bien il voir sa carrière stoppée, voire détruite, comme certains chercheurs (A. Cicollela, entre autres) sur les dangers des substances chimiques : ne s'agit-il pourtant de science et de santé publique ? Tiens... Il semble qu'il y ait un ordre à respecter, une

1. *Seriez-vous sous influence ?* Adam Crabtree Éd. Le Souffle d'Or 2004.

cohérence au système qui peut se révéler répressive aux frontières. Et le propre d'un état hypnotique est que les sujets ne s'en rendent pas compte, et même, comme lors de démonstrations d'hypnose sur plateau, prétendront avec la plus grande vigueur qu'ils ne sont pas sous influence ! Pourtant ils sont suggestibles, et sont amenés à faire des choses « qu'ils ne feraient jamais ! ».

Ce phénomène est appelé le « politiquement correct » ; les individus sont invités à faire allégeance au paradigme ambiant pour gagner leur ticket d'entrée, la paix. Et l'on apprend à ses dépens qu'exprimer d'autres désirs, d'autres valeurs, peut coûter cher. Un processus de récompense ou punition. Dans les sociétés avec dictateur, la situation est facilement lisible. Dans la nôtre contemporaine, c'est plus subtil : l'essaim semble partout, environnant, mais pas très identifiable.

D'autres chercheurs ont mis en lumière les processus d'accoutumance et d'addiction, parlant même de « société addictive ». Et l'on sait que le premier pas, absolument indispensable pour sortir d'une conduite addictive, est de reconnaître cet état. Comment faire lorsqu'on est sous influence, en hébétude, et prisonnier d'un ensemble de représentations ?

Or il semble que le système ait dérapé : tout à sa cohérence, qui a pu avoir une légitimité à une époque, il a progressivement concentré les bénéfices sur une poignée d'individus, rejetant les autres dans une situation difficile, pire, en les exploitant durement, creusant ainsi un gouffre entre des catégories sociales, menaçant la société d'implosion. Et dans le même temps, le profit financier à court terme ayant été érigé en valeur dominante, il a été permis de piller les ressources naturelles et de rejeter sans précautions dans la nature des déchets toxiques et qui le resteront pour des milliers d'années.

De plus en plus de citoyens prennent conscience des dangers de cette situation, et s'écartent des finalités communément admises. Ainsi, les créatifs culturels se disent à 94% très préoccupés par les problèmes écologiques (contre 72% de la population française).

Dans ce contexte, je considère l'étude sur les valeurs que nous avons réalisée, et qui identifie cinq courants socioculturels, dont les *créatifs culturels*, comme :

➤ Une mise en évidence de l'aspiration d'une large frange de la société à des valeurs profondément différentes des dominantes actuelles : au moins 17%, mais davantage en tenant compte de certains aspects au sein des autres familles.

➤ Une autre représentation que celle qui détermine actuellement nos choix de société, donc qui peut aider les individus à sortir du paradigme létal en place ; le fait que cette autre représentation soit positive encouragera les personnes à s'y intéresser.

➤ Une validation, un appui, pour les personnes qui se reconnaîtront dans ces valeurs et qui jusqu'alors étaient tournées en ridicule, voire réprimées.

➤ Un facteur de lien social, en montrant que ce groupe humain est déjà très important dans le corps social.

➤ Une incitation à adopter une approche globale et systémique pour trouver les solutions durables à notre crise de civilisation.

Un nouveau rapport au pouvoir

Jean-Pierre Worms le soulignait lors d'une de nos réunions : le rapport des gens à l'autorité change radicalement. Les citoyens, ayant accès à de nombreuses sources d'information, tout en étant prudents, comme le montrent les sondages sur la crédibilité des médias, se forgent leur propre opinion. Ils acquièrent une expertise, parfois plus pointue que celle des professionnels. Et surtout, ils entendent bien avoir voix au chapitre, participer aux décisions, ils ne s'en laissent plus compter : c'est le cas en santé, par exemple ; les malades supportent de plus en plus mal les abus de pouvoir des médecins, l'ignorance et le mépris dans lesquels on les tient. Il n'est pas anodin que 85% des créatifs culturels (contre 65% de la population française) aient déjà fait appel aux médecines alternatives, et 25% souvent : en effet, ces approches de la santé demandent davantage d'autonomie.

Cette liberté de penser, cette irrévérence vis-à-vis des autorités, sont-elles une cause de la désaffection pour les « appareils », les partis, les syndicats, etc. ? Sur ce point, les créatifs culturels n'attendent pas que les solutions viennent d'en haut. À 82%, ils déclarent être en rupture avec les partis ou déçus de la politique ; notons que l'ensemble des Français partage ce point de vue à 76% ! Quel décalage entre des dirigeants dans leur tour d'ivoire, et les aspirations des citoyens ! Ou bien est-ce une conséquence de l'impuissance de ces dirigeants ?

Dans cette situation, les créatifs culturels se retroussent les manches et montent des projets, les mènent à bien sans faire de tapage. Délaissant les vieux remèdes ressassés par les « élites politiques », ils innovent et proposent des pistes audacieuses. Cette levée de porteurs de projets sera-t-elle suffisante face au combat des tenants du pouvoir en place ?

Sortir du bois

Une réaction très répandue venant de personnes qui découvrent ce concept de créatifs culturels, est : « Ah bon, mais je ne suis pas seul ?! », voire « pas fou », de porter ces valeurs. En effet, la tyrannie du politiquement correct est telle que les personnes qui ont une sensibilité différente préfèrent souvent rester discrets pour avoir la paix. La multiplication des caméras de vidéosurveillance, l'utilisation des nanotechnologies, le renforcement des contrôles policiers et administratifs alimentent cette crainte. D'autre part, le bruit de « l'essaim », tel que décrit plus haut, est tel, les images et messages véhiculés sont tellement pleins de violence, de misère, de catastrophes, que bien des gens finissent par croire le monde tel qu'on le leur montre, et deviennent fatalistes.

Un des mérites de cette étude est bien d'apporter aux créatifs culturels une validation de leur démarche, si besoin était, leur donner confiance, leur permettre de relever la tête. Savoir que 17% des adultes de ce pays portent ces 6 pôles de valeurs devrait apporter un ballon d'oxygène, leur faire lever les yeux pour chercher leurs semblables. Ce chiffre de 17%, mais aussi la qualification de ces aspirations, des témoignages de plus en plus nombreux, leur permettra de braver les sarcasmes, de s'affirmer dans leur sphère personnelle et professionnelle. Le besoin de fraterniser, de rencontrer des semblables, est une aspiration puissante et qui nous est régulièrement exprimée, notamment en ces temps de tensions sociales et écologiques. Tant que les choses allaient leur train tranquille, on pouvait se contenter de vivre dans un relatif isolement. Désormais que les menacent s'accumulent sur nos têtes, il est bon de trouver des alliés.

Déjà de nombreux acteurs sociaux, dont nous-mêmes, s'emploient à mettre en réseau les créatifs culturels au travers de sites web, magazines, radios, manifestations, etc. Espérons qu'ils sauront agir en « intelligence collective », et avec une démarche globale. Faire connaître les résultats de cette étude permettra à chaque citoyen de se déterminer avec de nouvelles cartes !

Une dynamique sociale, pas une étiquette

En apportant ce concept publiquement, les « créatifs culturels », une invention de sociologues, nous savons bien qu'un certain nombre de personnes vont réagir en se défendant de porter une nouvelle étiquette ; je trouve cela cohérent avec l'autonomie, et l'identité originale, des créatifs culturels. Au passage, chacun porte une ou des étiquettes sociales, bon gré mal gré, ce n'est pas nous qui décidons ; ici nous avons un nouveau choix, peut-être de laisser une étiquette déplaisante.

En même temps, d'abord nous ne prétendons pas qu'il s'agit de mettre les gens dans une boîte, ni d'enrôler quiconque. Ce n'est pas un diplôme, une médaille à acquérir ; au contraire, c'est un comportement vers lequel on peut tendre, avec plus ou moins de réussite et de stabilité. Ensuite, regardons la richesse de la société civile, qui bouillonne, qui élabore, qui donne de la voix dans les débats de société. Bien des idées nouvelles sont combattues par les pouvoirs en place, avec des arrière-plans économiques, lesquels jouent sur la peur, le dénigrement et la division. Comment parle-t-on des nouvelles tendances sociales ? De « mouvances », de « nébuleuses », ou à l'aide de diminutifs (les « bios », les « écolos », etc.).

Je suis convaincu qu'une image positive de nous-mêmes comme citoyens engagés socialement, porteurs de valeurs à même de donner une direction plus humaine et écologique à notre société, représente un potentiel important de dynamique sociale. Beaucoup de citoyens ont supporté trop longtemps les inégalités sociales et le pillage de la planète, pour négliger un appui tel que cette enquête. À eux de s'en servir à leur guise.

À la différence d'autres courants de pensée, passés et présents, je plaide pour ne pas fonder de parti politique, ne pas briguer de mandat autre que local (et il me semble que mes camarades partagent ce point de vue). En effet, ce positionnement clair dans la société civile nous préservera toute liberté de parole et d'action, donc tout notre poids dans le débat public. Il appartient aux élus, aux décideurs, aux chefs d'entreprise, de s'intéresser à ces valeurs et les mettre en œuvre soit en termes juridiques, soit en pratiques de production et marchandes.

Certains nous ont déjà mis en garde contre la récupération par les acteurs du marketing. C'est un risque que nous prenons tout à fait au sérieux ; nous avons pris certaines précautions pour l'endiguer (dont un dépôt de marque à l'INPI). Il existe également au niveau politique. Nous faisons notre possible pour éviter qu'un seul parti ou entreprise ne se l'approprie. Les créatifs culturels étant, comme écrit plus haut, experts, ils détecteront vite le décalage entre un éventuel discours publicitaire et des pratiques qui n'ont rien à voir, donc une telle démarche publicitaire serait sans résultat. Par contre, voir ces idées filer dans la société, faire leur nid ici ou là, apporter de l'air frais et modifier les choix politiques et industriels : avec joie. C'est fait pour ça.

Je laisserai la conclusion de ce chapitre à une proche : « Cette enquête sur les créatifs culturels, c'est bon pour eux, c'est bon pour la société, c'est bon pour la planète ! »

Êtes-vous un « créatif culturel » ?
Le Quizz

Répondez par OUI (D'accord) ou NON (pas d'accord) ; notez dans le tableau en fin du questionnaire.

➤ Écologie et développement durable

1. Nous avons un devoir moral de protéger et de conserver toutes les espèces animales vivant sur la planète

2. Le gouvernement devrait sanctionner sévèrement les industries qui continuent à polluer

3. Je suis prêt(e) à payer plus d'impôts ou de taxes, ou à payer des biens de consommation plus cher, si j'ai la preuve que l'argent récolté est bien utilisé pour la préservation de l'environnement

4. Je suis très préoccupé(e) par les problèmes écologiques comme le réchauffement de la planète, la destruction des forêts tropicales, l'extinction des espèces, la destruction de la couche d'ozone, la pollution

5. La recherche de profit immédiat des grandes entreprises multinationales est néfaste à notre environnement

6. Je consomme des produits biologiques, je fais appel aux médecines douces, je mange davantage de légumes que de viande

➤ Place des femmes dans la société

7. Plus de femmes devraient occuper des fonctions dirigeantes dans les entreprises, avoir des responsabilités politiques

8. Les hommes et les femmes devraient partager les tâches ménagères de façon équitable

9. La tâche principale des femmes est d'élever les enfants

10. Notre culture, notre société a besoin d'une place plus importante donnée aux valeurs féminines, à la sensibilité

11. Je suis préoccupé(e) par la violence faite aux femmes et les abus dont elles sont victimes dans le monde

➤ Être, avoir et paraître

12. J'évite de « surconsommer », et fais attention à ce que j'achète (composition et provenance, produits recyclables, agriculture biologique...)

13. Je ne me sens pas en accord avec les « valeurs » de la société occidentale : compétition, réussite, signes extérieurs de richesse...

14. Je veux gagner le plus d'argent possible

15. J'aime être à la mode et suivre les « tendances »

16. Je tiens par-dessus tout à réussir ma carrière

17. Je suis prêt(e) à gagner moins d'argent pour avoir une vie plus en accord avec mes valeurs

➤ Développement personnel

18. Le développement personnel est un domaine qui m'est familier, j'ai déjà suivi des stages

19. J'aimerais disposer de plus de temps pour méditer, ou pour des pratiques spirituelles

20. Je pense que l'éducation devrait mettre des sujets comme une meilleure connaissance de soi-même, le développement personnel et les relations avec les autres au même niveau que la connaissance et les formations professionnelles

21. Il est important pour moi de pouvoir exprimer mes propres capacités et ma créativité dans ma vie et mon travail

22. Dans ma vie de tous les jours, je vis selon mes valeurs et ma vision de la vie

➤ Enjeu sociétal

23. Je fais régulièrement du bénévolat pour une ou plusieurs causes

24. En politique, je ne suis satisfait(e) ni par la droite ni par la gauche, ni par le centre

25. Des changements positifs de ma personnalité, dans ma vie, peuvent contribuer à changer le monde

26. Nous avons besoin de plus de croissance économique pour subvenir aux besoins humains

27. Les médecines alternatives devraient être davantage prises au sérieux par les médecins, les medias et les élus

28. Il est plus important de maintenir les emplois que de constamment protéger la nature

➤ Ouverture culturelle

29. L'immigration me semble être une richesse pour la France

30. Le multiculturalisme est pour moi une valeur importante, et je suis ouvert(e) à ce qui m'est étranger : personnes, lieux et modes de vie...

31. Mes enfants devraient apprendre à accueillir les gens des autres pays et à s'y faire des amis

32. Je souhaite que les dépenses publiques et la politique en général soient plus orientées vers l'éducation et le bien-être des enfants, vers la réhabilitation des quartiers et des communautés

	OUI	NON	Totaux
1 2 3 4 5 6	1 1 1 1 1 1	0 0 0 0 0 0	T1=
7 8 9 10 11	1 1 0 1 1	0 0 1 0 0	T2=
12 13 14 15 16 17	1 1 0 0 0 1	0 0 1 1 1 0	T3=
18 19 20 21 22	1 1 1 1 1	0 0 0 0 0	T4=
23 24 25 26 27 28	1 1 1 0 1 0	0 0 0 1 0 1	T5=
29 30 31 32	1 1 1 1	0 0 0 0	T6=
			Total=

Vos Réponses

Faites le total de vos points des 2 colonnes.

• Si vous obtenez 20 points ou plus : vous êtes probablement un « créatif culturel ». Mais pour en être sûr, vous devez aussi calculer le nombre de points que vous obtenez par famille de valeurs : vous devez avoir un nombre minimum de 3 points dans les six familles.

Si vous avez un nombre de points inférieur à 3 dans une famille de valeurs, il vous manque l'une des valeurs essentielles du « créatif culturel ».

• Si vous obtenez entre 15 et 20 points : vous êtes probablement un Créatif Individualiste.

• Si vous obtenez moins de 15 points : vous faites probablement partie de l'une des trois autres familles mises en évidence par cette enquête.

ASSOCIATION POUR LA BIODIVERSITÉ CULTURELLE

Finalités et objectifs de l'Association A.B.C.

L'association A.B.C. a pour but de :

• **Mener une réflexion sur l'évolution de notre société, et l'émergence de nouvelles valeurs. A.B.C. pilote la réalisation de l'enquête en France sur les " créatifs culturels "**.

• Favoriser la **prise de conscience des** valeurs que sont: l'écologie et le développement durable, le développement personnel et la vie intérieure, les valeurs féminines, l'implication sociale pour que chacun ait sa place, l'être, l'ouverture multi-culturelle, le libre choix éducatif et de santé.

• Viser à ce que le **développement global de la personne** devienne une dimension quotidienne de la vie, reconnue socialement.

• Favoriser la **socialisation de ses membres** par des rencontres, l'édition d'un lien écrit ou télématique, la création d'antennes locales de l'association.

• Pour cela **soutenir activement des projets** tels que manifestations culturelles, colloques, formation, mise en réseau, communication dans les médias.

• Détecter, afin de pouvoir les contacter, les créatifs culturels et leurs actions sur le terrain.

• **Entreprendre des actions pour faire reconnaître socialement ces valeurs**. Soutenir des initiatives constructives, individuelles ou collectives.

L'association A.B.C.est déclarée à la Préfecture des Hautes-Alpes : parution au *Journal Officiel* en mai 1998.

Adresser toute demande à l'éditeur qui fera suivre :

ym@yvesmichel.org - 04 92 65 52 24

Autres ouvrages publiés aux éditions Yves Michel

www.yvesmichel.org

L'émergence des Créatifs Culturels – Enquête sur les acteurs d'un changement de société, Paul H. Ray et Sherry R. Anderson

www.culturalcreatives.org

La société civile : le 3e pouvoir – Changer la face de la mondialisation, Nicanor Perlas

www.cadi.ph

Chronique d'une alliance – Peuples autochtones et société civile face à la mondialisation, Alastair McIntosh

www.alastairmcintosh.com

Bon, propre et juste – Éthique de la gastronomie et souveraineté alimentaire, Carlo Petrini

Slow Food, manifeste pour le goût et la biodiversité – La malbouffe ne passera pas, Carlo Petrini

www.slowfood.fr www.slowfood.com

La médecine africaine : une efficacité étonnante – Le parcours d'une pionnière, Pr Yvette Parès

À l'écoute du corps et de la parole des femmes, Marie-Annick Rouméas

L'orientation : un avenir pour chacun, Monique Ronzeau

L'insécurité nucléaire – Un nouveau Tchernobyl en France ? Stéphane Lhomme

www.sortirdunucleaire.org

Société civile contre OGM – Arguments pour ouvrir un débat public, Collectif CC-OGM

www.geyser.asso.fr

www.infogm.org

Quand les multinationales gouvernent le monde, David C. Korten

www.davidkorten.org

louisjean
IMPRIMEUR

59, Av. Émile Didier
05003 Gap Cedex
Tél. 04 92 53 17 00
Dépôt légal : 76
Février 2007
Imprimé en France